JOSÉE-ANNE SARAZIN-CÔTÉ

Astrologie bienveillante

Introduction aux quatre éléments

Les Éditions Goélette

DE LA MÊME AUTEURE :
Le grand livre du féminin sacré, Marabout, 2020
Plus de bonheur, moins du reste, Les Éditions Goélette, 2019
Journal de naissance, Les Éditions Goélette, 2018
Journal de grossesse, Les Éditions Goélette, 2018

RÉDACTION : Josée-Anne Sarazin-Côté
DIRECTION ÉDITORIALE : Raphaëlle Mirandette
RÉVISION : Laurence Taillebois et Julie Therrien
CORRECTION : Émilie Grégoire
CONCEPTION GRAPHIQUE : Fany Blanchard
ILLUSTRATIONS ET PAGE COUVERTURE : Jo Isabel Klima
PHOTOGRAPHIE EN QUATRIÈME DE COUVERTURE : Magalie Massey

www.boutiquegoelette.com
www.facebook.com/EditionsGoelette
www.joseeannesc.com
www.instagram.com/joseeannesarazincote

Dépôt légal : 4e trimestre 2020
Bibliothèque et Archives nationales du Québec
Bibliothèque et Archives Canada

Financé par le gouvernement du Canada | Canada

Les Éditions Goélette bénéficient du soutien financier de la SODEC pour son programme d'aide à l'édition et à la promotion.

Nous remercions le gouvernement du Québec de l'aide financière accordée par l'entremise du Programme de crédit d'impôt pour l'édition de livres, administré par la SODEC.

ASSOCIATION NATIONALE DES ÉDITEURS DE LIVRES
Membre de l'Association nationale des éditeurs de livres

Imprimé au Canada
ISBN : 978-2-89800-216-8

Table des matières

Mon parcours avec l'astrologie **4**

Qu'est-ce que l'astrologie ? 15

Ma vision de l'astrologie 26

Les différents types d'astrologie **28**

La vision de l'astrologie sur la vie 45

Les quatre éléments **80**

Feu 94

Air 110

Terre 124

Eau 142

Conclusion des quatre éléments **158**

Et après ? 169

Remerciements **174**

Mon parcours avec l'astrologie

J'ai toujours été captivée par la Lune et les étoiles. Petite, j'avais un côté spirituel et « sorcière » bien présent. Je conversais apparemment avec les entités, jusqu'à ce que ma mère prenne peur et leur demande d'arrêter, de me laisser tranquille. J'ai souvenir d'être fascinée par la forêt, de m'y sentir tellement bien, de comprendre que je n'étais jamais seule et qu'un monde invisible nous entourait.

Je n'ai jamais été croyante ou attirée par une religion, mais j'ai toujours su que quelque chose de bien plus grand que nous existait.

Comme beaucoup de femmes de mon âge, j'ai grandi avec *Sabrina, l'apprentie sorcière*, puis j'ai été obsédée par le film *Dangereuse alliance (The Craft)*. Quand Harry Potter est entré dans ma vie, j'espérais secrètement recevoir ma lettre de Poudlard, et une partie de moi était convaincue que ce genre d'univers existait réellement, et pas que dans la tête de J. K. Rowling. J'étais amoureuse du fantastique.

En vieillissant, cette passion est devenue de plus en plus secrète. Croire en la magie à 10 ans, c'est mignon, mais un peu moins à 14, 15, 16 ans… Je suis davantage entrée dans le moule qu'on imaginait pour moi et qui m'apportait le plus de renforcement positif, d'acceptation des autres.

Mon parcours avec l'astrologie

La société dans laquelle j'ai grandi n'encourageait pas la spiritualité, les façons de penser différentes ou les pratiques qui nous rappellent que les réponses sont toutes en nous.

Le monde d'alors aimait nous faire croire que les réponses étaient détenues par les autorités extérieures, l'opinion des autres, l'argent, les possessions, le statut social, les « bonnes jobs ». C'est donc aussi ce que j'ai cru pendant plusieurs années. J'ose espérer que la société dans laquelle nous vivons actuellement évolue.

J'élève ma fille de façon à ce qu'elle reste connectée à sa propre intuition, se fasse confiance et réalise que les réponses sont en elle, que le vrai bonheur est un travail interne. Je veux qu'elle sache que le montant de son salaire, que la quantité d'objets qu'elle possède ou que la reconnaissance extérieure qu'elle obtient ne la rendront jamais réellement heureuse. Je sais que je ne suis pas le seul parent à faire ça, j'ai donc espoir que les choses soient réellement en train de changer pour nos enfants.

Et je dis ça sans aucune pensée négative envers mes parents. Toutes mes amies ont aussi été élevées ainsi, du moins, je crois. C'était simplement la norme. Probablement que c'était pareil chez vous. Ce n'est pas une critique envers nos propres parents, ils ont fait de leur mieux et nous aiment profondément. D'une certaine façon, on devait expérimenter « le système » pour un jour vouloir le changer, s'en sortir.

Un autre élément a eu un impact important sur moi: j'ai pris la pilule contraceptive assez jeune (14 ans) pour que mes règles soient plus régulières et facilitent ma vie d'athlète[1]. Cela a complètement endormi mon intuition. J'ai arrêté de l'entendre, et toute ma passion pour la magie et mes croyances se sont enfouies bien profondément en moi. Elles ont même été

1. Sujet que j'aborde dans mon ouvrage *Le grand livre du féminin sacré: recettes sacrées, oracle et tarot, méditations, cristaux*, paru chez Marabout en 2020.

des secrets pour moi pendant un moment ! J'étais une bonne petite fille, qui avait de bons résultats scolaires, qui était une super athlète, qui avait une carrière « impressionnante » toute tracée devant elle. J'étais vraiment ce qu'on appelle une *overachiever*, qui voulait toujours impressionner davantage, atteindre de plus gros objectifs. Première étudiante de mon programme à avoir un stage « 0 » lors de notre été de congé, première étudiante engagée comme stagiaire dans une des agences de publicité prestigieuses de l'époque, bourse en journalisme, boulot de journaliste à la sortie de mon baccalauréat.

Mais à un moment, quand on cherche le bonheur partout sauf en soi, ça finit par nous rattraper.

Un jour, j'ai finalement décidé d'arrêter la pilule parce que je prenais conscience que ça ne pouvait pas être bon pour mon corps de se déconnecter autant d'un mécanisme biologique naturel. À l'époque, ma réflexion n'allait pas plus loin que ça et j'étais loin de me douter de tout l'impact que cela aurait dans ma vie !

Rapidement, après quelques cycles menstruels, je me suis remise à entendre ma petite voix intérieure. Moi qui étais malheureuse depuis des années sans me l'expliquer, j'ai rapidement tout compris. L'année qui a suivi a été *rock and roll*: séparation, changement de carrière, déménagement au Nicaragua, vente de toutes mes possessions, rencontre de mon futur mari… et je suis tombée enceinte de notre fille. Ouf !

Et à travers tout ça, j'ai vécu une grande reconnexion avec ma spiritualité. Mais cette fois, j'étais prête à l'assumer, à ce qu'elle fasse partie de moi, tout simplement. La cacher n'était plus une option. J'avais entamé un gros travail sur moi-même et je crois que, à ce moment-là, j'avais la confiance en moi et le courage nécessaires pour oser emprunter ma propre voie et accepter d'être différente.

Je me suis d'abord intéressée à la méditation, à la pleine conscience. Cette pratique m'a rapidement ouvert la porte à plus, parce qu'en méditant quotidiennement, je commençais à ressentir mon énergie, mes champs énergétiques. Je me suis intéressée aux chakras, à l'aura, au reiki. En quelques mois, j'ai retrouvé ma passion pour la Lune, et les rituels lunaires sont apparus dans ma vie: cérémonies à la pleine lune; manifestation et écriture à la nouvelle lune. C'est ce qui m'a réellement mise sur la voie de l'astrologie. Je réalisais que, d'un mois à l'autre, aucune pleine ou nouvelle lune n'était pareille, n'avait la même énergie. Cela avait un impact sur moi: ma propre énergie était alors différente, je ne réagissais pas de la même façon, mes émotions changeaient. Comment était-ce possible? La réponse était simple: ces lunes n'étaient jamais sous le même signe astrologique!

Je me suis donc mise à lire avidement sur le sujet, remplaçant les blogues bien-être et les livres de développement personnel que je consultais dans mes temps libres par des blogues et des livres d'ésotérisme, qui avaient pour sujet la Lune et la sorcellerie verte. Moi qui n'avais gardé que deux ou trois bouquins après le grand ménage de mes possessions, je me suis vite retrouvée avec une petite bibliothèque remplie d'œuvres ésotériques. C'était comme replonger dans un monde connu, confortable. Comme si je recommençais à respirer après avoir été trop longtemps sous l'eau. Je dévorais ouvrage après ouvrage. J'ai débuté avec une exploration du cycle lunaire, qui aura été, sans que je m'en rende trop compte, une douce introduction à l'astrologie. À ce moment, je n'avais pas conscience de ce qui m'interpellait tant dans cet univers, j'étais simplement heureuse de retrouver la Lune.

Puis, le vrai grand déclic est arrivé, ce moment où l'on sait qu'il y aura un «avant» et un «après», que notre vie vient de changer, sans trop en saisir l'importance.

La situation était plutôt banale, rien de grandiose: je peinturais les murs de notre nouvelle maison mobile — je dis nouvelle, car elle l'était pour nous, mais c'était une maison à l'abandon quand on en a pris possession.

Mon parcours avec l'astrologie

Chaque surface, sauf le plancher, était à repeindre: murs, armoires, plafonds et même les comptoirs ! C'était toute une job, comme on dit. J'accompagnais donc ce travail en écoutant des balados pour passer le temps plus sympathiquement.

Pur hasard (ou coup du destin !), à un moment donné, j'ai entendu une entrevue de l'astrologue Debra Silverman. Quelque chose de gros se passa en moi. Mon corps, mes sens se sont éveillés. Je n'écoutais plus d'une oreille distraite: j'étais plus concentrée que jamais, absorbée par ce que j'entendais. Mes yeux pétillaient. Mon rythme cardiaque s'est même accéléré un peu ! Je reprenais officiellement contact avec l'astrologie. Je réalisais que c'était ce qui me passionnait réellement dans le cycle lunaire, de voir à quel point les choses changeaient d'un signe astrologique à l'autre. Mais Debra Silverman ne s'arrêtait pas au signe lunaire... elle expliquait que tous les astres avaient leur influence sur nous, différente selon chacun des 12 signes. Je buvais ses paroles. J'ai eu l'impression que l'entrevue de plus d'une heure, quand même, s'était déroulée en quelques minutes. C'était déjà fini ? Mais je voulais en savoir plus, moi !

En moins de deux, j'étais sur son site Web et j'avais réservé une lecture de carte du ciel avec une des astrologues de son équipe. Je n'avais jamais reçu ce genre de lecture et j'étais vraiment excitée. Je ne connaissais rien, à part quelques clichés (plutôt négatifs) sur le Gémeaux, qui est mon signe de Soleil. J'ai été A-BA-SOUR-DIE.

Pas que l'astrologue m'ait révélé quoi que ce soit de renversant ou qui a changé le cours de ma vie ; tout ce qu'elle m'a dit, je le savais déjà parce que j'avais une assez bonne connaissance de moi-même.

Ce qui m'a impressionnée et vraiment influencée, c'est qu'elle m'a aidée à me rendre compte que j'étais « normale », que mes extrêmes étaient corrects, que je n'avais jamais à choisir une de mes facettes plutôt qu'une autre, qu'elles faisaient toutes partie de moi et étaient toutes importantes.

J'ai réalisé la puissance de cette pratique : à quel point c'est apaisant, combien ça aide à faire la paix avec soi-même et à mieux se connaître. L'astrologue a su aborder mes côtés négatifs et ce que j'aimais moins chez moi avec tant de bienveillance qu'elle a réussi à me les faire aimer, à me faire voir que ces côtés avaient aussi des penchants lumineux, auxquels j'avais accès.

C'était fou. Lorsque l'astrologue a terminé la lecture de ma carte du ciel, j'avais pris des pages et des pages de notes, d'observations, de réflexions, et c'était clair, limpide pour moi : c'était aussi ce que je voulais faire. Et non seulement ça, mais je voulais apprendre de cette professeure, suivre ses enseignements, qui étaient tellement bienveillants, apaisants. Elle offrait effectivement une formation, mais les inscriptions ouvraient seulement deux fois par année. Je me suis donc inscrite sur la liste d'attente, pour être avertie en premier dès que des places seraient disponibles. J'avais le cœur un peu gros en me couchant. Je voulais tellement apprendre à lire les cartes du ciel, avec cette prof, pas avec quelqu'un d'autre, et l'appel était là, là. Quand vous savez aussi que quelque chose vient de votre âme, généralement, ce n'est pas « rationnel » aux yeux des autres ou de la société ni selon la logique. Je savais que les choses devaient se passer rapidement avant que mon cerveau, ou quelqu'un d'autre, me convainque que c'était une mauvaise idée.

Eh bien, croyez-le ou non, mais le lendemain, dans ma boîte de courriels m'attendait un beau message de Debra Silverman : « Le niveau 1 de ma formation est maintenant disponible ! » QUOI ! ? Vous savez, quand l'univers est avec nous, quand on accepte enfin d'écouter notre âme, notre cœur, ce genre de synchronicité est vraiment fréquent. Je devais absolument m'inscrire.

Cette décision était, en passant, complètement folle pour moi ! Et pour ma famille. On était vraiment sans le sou, vivant hyper simplement dans notre petite maison mobile, qui nous était fournie gratuitement grâce au travail de mon mari. Mon compte en banque était plutôt vide et celui de mon entreprise avait à peine de quoi couvrir les frais d'inscription, qui s'élevaient quand même à plus de 6 000 $. J'en ai parlé avec mon mari, lui expliquant que c'était un peu fou, que je savais que ça pouvait avoir des conséquences sur nos finances, mais que je savais que c'était la chose à faire, que l'univers et mon âme me murmuraient que c'était le chemin à suivre. Il me connaît bien. Il sait que quand j'ai ce genre d'appel, même si logiquement, ça n'a pas de sens, il faut l'écouter. Chaque fois que j'ai osé le faire, ça a été la bonne décision. Le genre de décision pour laquelle, quelque temps après, avec le recul, je me dis : « Wow, quel *timing* divin ! C'était la meilleure décision que j'aurais pu prendre. »

Je me suis donc inscrite. Le sentiment incroyable que j'ai ressenti en cliquant sur « soumettre » est indescriptible. C'était un mélange de « Je n'ai jamais été aussi excitée ! » et de « Oh mon Dieu ! Qu'est-ce que je viens de faire ? Je vais nous pousser à la faillite ! » Évidemment, je n'ai pas fait faillite. Apprendre l'astrologie fut une des meilleures décisions personnelles et entrepreneuriales que j'aurai prises.

J'ai plongé dans mes études de manière complètement passionnée. J'ai commencé avec ce que vous vous apprêtez à apprendre : les quatre éléments.

 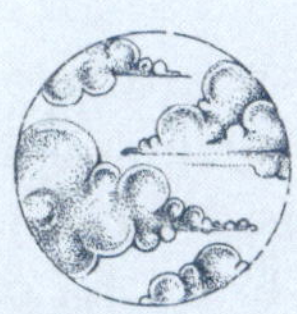  

C'est simple, mais à la fois tellement profond. Et ce n'est pas pour rien que j'ai choisi d'écrire mon premier livre sur l'astrologie exactement sur le sujet des quatre éléments. Parce que c'est une manière digestible et douce d'entrer en contact avec l'astrologie. C'est un univers tellement infini, il faut vraiment commencer par la base, sinon on est rapidement étourdi et découragé.

De retour aux études, j'ai rempli des cahiers complets de notes. Je parlais tout le temps d'astrologie, j'en mangeais. En quelques mois, j'ai pu commencer à offrir mes premières cartes du ciel à d'autres personnes, et ce, gratuitement. Je trouve important de le préciser : j'ai fait une bonne centaine de cartes gratuitement avant de me sentir prête à facturer mes services. Mes premières réalisations ont été tellement étourdissantes ! Voire décourageantes, maintenant que j'y pense. Je passais des heures à les préparer ! Je fouillais dans mes notes de cours, comparais de nombreuses sources en ligne, ouvrais plusieurs de mes livres pour valider certaines informations. Je prenais note de tout ce que je voulais aborder. C'était un sacré processus ! Qui est tout à fait normal.

Petit à petit, j'ai pris confiance en moi. Ma pratique a énormément évolué, et continuera à le faire, j'en suis convaincue. Avec le temps, j'en suis venue à saisir rapidement les nuances d'une carte, les points clés, les éléments à absolument aborder avec le client. Mon intuition a enfin pris sa place.

Au lieu de me servir de mon mental pour me rappeler de tout et m'appuyer sur mes ouvrages, mon intuition a commencé à me faire remarquer certaines choses que mes livres ne voyaient pas. Parfois, j'avais prévu parler de certains sujets, pour finalement être surprise par les mots qui sortaient de ma bouche, spontanément, et qui allaient directement toucher le cœur des gens.

Ma confiance et mon intuition se sont encore aiguisées et j'en suis même venue à me détacher de mes apprentissages ; j'ai plutôt tourné mon attention vers ce qu'on ne m'avait pas appris. Quand je me suis mise à offrir mes services officiellement, ça a été la folie ! La première fois, en moins de 15 minutes, les 20 places que j'avais rendues disponibles étaient réservées. Et ce n'était pas la chance du débutant, car par la suite, chaque fois que j'ouvrais des plages horaires dans mon calendrier, elles se remplissaient dans le temps de le dire. Le bien-être, l'apaisement que ma lecture apportait aux gens étaient bien réels.

Doucement, j'en suis venue à développer ma spécialité, que j'ai affectueusement nommée l'astrologie de l'harmonie.

Mon but ? Explorer toutes les contradictions d'une personne pour l'aider à s'accepter telle qu'elle est et harmoniser le tout. Les énergies différentes, qui semblent ne pas pouvoir cohabiter, c'est ma spécialité ! J'aide les gens à voir leurs côtés opposés comme de réels cadeaux et comme des forces qui vont les aider à avancer dans la vie, à trouver leur propre bien-être, leur propre équilibre.

Il y a cependant une chose que je n'aimais pas avec les lectures de carte du ciel: je ne parvenais vraiment pas à répondre à la demande. Chaque jour, je recevais des dizaines de requêtes pour des rendez-vous avec moi et, chaque fois, je devais répondre que mon calendrier était complet pour les prochains mois. Les gens s'éveillaient de plus en plus à l'astrologie.

Même en remplissant mon horaire à la limite du tolérable, je rendais service à un si petit nombre de personnes. La demande était beaucoup plus grande que l'offre. Ce n'était pas viable et j'ai toujours eu le sentiment que j'étais ici pour aider beaucoup de gens: le service un à un était loin d'être suffisant.

C'est quand j'ai reçu un autre appel de mon âme que j'ai su que j'étais prête. Je savais quelle était la prochaine étape: enseigner. Former des astrologues qui pourraient à leur tour offrir ce service tellement précieux. Cette étape me faisait encore plus peur que la précédente. J'étais qui, moi, pour enseigner l'astrologie à d'autres ? Sur le coup, mon cerveau voulait me faire croire que je n'avais pas les qualifications, que ça ne faisait pas assez longtemps que je pratiquais.

Est-ce que j'ai la prétention de dire que ma formation est la plus complète sur le marché et couvre 100 % de ce qu'il y a à savoir ? Bien sûr que non ! Quand on plonge dans l'astrologie, on en a pour une vie entière à continuer d'apprendre et d'approfondir sa pratique, ses connaissances. Je sais toutefois que ma formation est bonne, complète, couvre tout ce qu'il faut et que la portion qui prend racine dans ma pratique personnelle est puissante. Partager son savoir ne veut pas dire qu'il doit être parfait. Comme la vie serait ennuyeuse ! Une fois que je me suis enlevé cette pression irréaliste de perfection, j'ai pu commencer à bâtir mon cours et à l'offrir.

Aujourd'hui, j'enseigne donc à des centaines d'élèves passionnées (et quelques passionnés), qui apprennent à leur tour comment toucher le cœur des gens et leur rappeler leur pouvoir et leurs possibilités infinies, au moyen de leur carte du ciel. Nous aurons bientôt nos premiers diplômés et je suis tellement excitée de pouvoir contribuer à ma façon à l'expansion de l'astrologie ! Des dizaines et dizaines de nouvelles astrologues sont en train de naître. C'est réellement une pratique qui peut changer la vie. Parce qu'elle nous ramène simplement en nous-mêmes, nous rappelle à quel point nous sommes merveilleux tels que nous sommes.

À votre tour d'y plonger, maintenant. Que vous exploriez l'astrologie en surface, par simple curiosité, ou en profondeur, parce que ça fait déjà partie de vous, j'espère que j'arriverai à vous faire comprendre la base en toute simplicité et que ça éveillera quelque chose en vous. Vous verrez, il s'agit vraiment d'un ouvrage d'introduction. C'était important pour moi. Je préfère introduire de manière complète la base de l'astrologie plutôt que de faire un livre qui couvre trop de choses en même temps et reste en surface. C'est pourquoi j'ai choisi de vous présenter principalement les quatre éléments et de répondre aux questions les plus fréquentes sur ce qu'est l'astrologie. Je vais quand même brièvement aborder quelques autres notions à la fin du livre, simplement pour mettre la table pour la suite, puisque je prépare un prochain ouvrage pour plonger en profondeur dans ces notions avec vous.

Qu'est-ce que l'astrologie ?

Commençons par la base de la base. L'astrologie est l'étude du mouvement des astres et de l'impact qu'ils ont sur l'humain. À ne pas confondre avec l'astronomie, qui étudie le mouvement des astres et des planètes ainsi que la constitution des corps célestes. Je sais, ça se ressemble. La grosse différence, selon mon interprétation, c'est que l'astrologie vise la connaissance et la compréhension de soi en étudiant la relation entre l'humain et les astres, alors que l'astronomie est la « simple » étude de ces astres. Pas qu'elle soit facile, loin de là, mais elle n'a aucune relation avec l'humain.

L'astrologie est un art vraiment ancien. On a même retrouvé des illustrations du cycle lunaire datant de 25 000 ans dans une caverne. Les humains avaient déjà compris que cet astre changeait et avait une influence sur notre vie terrestre. Ça fait donc vraiment longtemps que l'astrologie qui a donné naissance à celle que l'on connaît aujourd'hui existe — les traces écrites datent du 2e millénaire avant notre ère, mais on suppose fortement que la pratique existait bien avant, de façon orale[2] .

Ceux qui ont établi les fondements de cette astrologie sont les Sumériens (ancienne civilisation résidant là où se trouve aujourd'hui l'Irak). En bon Gémeaux que je suis, j'adore apprendre, lire et approfondir une myriade de sujets, et en faisant mes recherches, je me suis découvert une fascination pour les Sumériens. Ils sont en quelque sorte « arrivés de nulle part » il y a 6 000 ans, avec un savoir bien au-delà de celui que possédaient les civilisations de l'époque. On ne leur doit pas que l'astrologie, mais aussi la roue et la traction animale, les bateaux et les navires (avec l'invention de la voile), le four et la brique, la construction des

2. BATTINI, Laura. « Du présage à l'horoscope: précis d'astrologie mésopotamienne », *Sociétés humaines du Proche-Orient ancien*, 3 août 2018, [En ligne], https :// ane.hypotheses.org/2229.

tours, l'écriture, les écoles, le système de lois ainsi que les juges et les jurys, la royauté et les conseils de citoyens, la musique, la danse, l'art, la chimie, la médecine, le tissage, les textiles, la prêtrise et les temples… Juste ça !

Avant qu'ils inventent l'écriture et commencent à recenser leurs observations de façon à ce qu'on puisse les leur attribuer aujourd'hui, ils utilisaient des images, des icônes pour raconter leurs légendes et leur savoir. J'ai été abasourdie d'apprendre que sur un sceau datant d'au moins 4 500 ans, on retrouve une illustration complète du système solaire… Elle comprenait même Neptune, Uranus et Pluton et plaçait le Soleil au centre. Une tablette décrit même la distance entre chaque planète !

Encore plus incroyable, une de leurs légendes, datant d'environ 6 000 ans, raconte la création du système solaire. Toutes les planètes y sont, certaines anomalies du système solaire y sont expliquées, comme les lunes et anneaux de Neptune et Uranus, l'orbite de Pluton et celle des comètes, et on y explique la présence d'une neuvième planète (les astronomes ne comptent plus Pluton comme une planète, donc il y en aurait actuellement huit). Cette planète, immense, est arrivée des profondeurs de l'univers, sur une trajectoire rétrograde, c'est-à-dire inverse au mouvement de nos planètes, et est venue brasser les choses. Dans la légende, chaque planète, Lune et satellite, est associée à un dieu ou une déesse et on y raconte la lutte, la guerre entre ces forces suprêmes. À un moment donné, l'immense planète entre en collision avec une autre planète… la moitié de cette dernière est détruite en mille miettes, formant la ceinture d'astéroïdes actuelle, et l'autre moitié change d'orbite, accompagnée de sa lune, pour se positionner autour du Soleil. Ce serait notre Terre et notre Lune.

L'existence de cette neuvième planète était présente dans les légendes sumériennes et leurs illustrations du système solaire. Ils l'appelaient la 12e planète, puisqu'ils incluaient le Soleil, la Lune et Pluton. Ils ont même estimé son orbite autour du Soleil à 3 600 ans. Lorsque dans les années 70, l'écrivain russo-américain, Zecharia Sitchin, a commencé à publier

les connaissances des Sumériens et à les appliquer à l'astronomie moderne, il a été ridiculisé et ses théories ont fortement été rejetées par la communauté scientifique et la NASA.

Or, de plus en plus de chercheurs s'entendent aujourd'hui pour dire que cette planète existe fort probablement. En 2016, deux chercheurs de l'Institut de technologie de Californie, Konstantin Batygin et Michael E. Brown, ont estimé la probabilité de son existence à 90 % tant les preuves commencent à s'accumuler[3]. Toutefois, tant et aussi longtemps que la planète ne sera pas captée par caméra, elle reste hypothétique. J'ai vraiment hâte de voir ce que l'avenir nous réserve... Si cette planète existe bel et bien, sera-t-elle semblable à celle décrite par les Sumériens et quelle durée son orbite aura-t-elle ? Les scientifiques actuels estiment que cette dernière se situe entre 10000 et 20000 ans, donc vraiment rien de très précis. C'est à suivre !

Bref, les Sumériens avaient des connaissances de l'espace très avancées et ont établi les bases de l'astrologie, comme le souligne Zecharia Sitchin, dans Cosmo Genèse[4] :

« *En vérité, tous les éléments de base de l'astronomie moderne sont d'origine sumérienne : le concept de sphère céleste, d'horizon et de zénith, la division du cercle en trois cent soixante degrés, la bande céleste au sein de laquelle les planètes tournent autour du Soleil, le regroupement des étoiles en constellations dotées des noms et des figures que nous appelons "le zodiaque", l'application du nombre douze à ce zodiaque et aux divisions du temps, ainsi que la conception d'un calendrier qui a été la base de tous les autres jusqu'à ce jour... Tout cela et beaucoup, beaucoup plus, a commencé avec Sumer.* »

C'est au moment où l'écriture cunéiforme est arrivée, autour de l'an 3400 avant notre ère, que l'on commence à retrouver les premières traces écrites de l'astrologie sumérienne. Le plus vieux document astrologique

3. BATGYGIN, Konstantin, BROWN. E, Michael. « News arguments in favor of a ninth planet in our solar system », *Science Daily*, 27 février 2019, [en ligne].

4. SITCHIN, Zecharia. *Cosmo Genèse*, Macro Éditions, 2017, 424 pages.

appartient aux Sumériens: l'*Enuma Anu Enlil*, une collection d'environ 70 tablettes, remplies de prédictions énoncées grâce aux astres ainsi que d'observations sur les astres, les planètes, les constellations, le Soleil et la Lune. On en retrouve les premières traces au début du 2e millénaire avant notre ère, puis, une certaine uniformité des propos et de la forme apparaît autour de 1500 avant notre ère, qui fait que l'astrologie se propage partout en Mésopotamie.

Personnellement, j'avais de la difficulté à comprendre les différences entre Sumer, la Mésopotamie et Babylone, alors je vais prendre quelques lignes pour clarifier le tout pour vous aussi.

Sumer et Akkad sont deux pays qui faisaient partie de la région de la Mésopotamie. Ils comprenaient des cités-États qui sont devenues puissantes et indépendantes les unes des autres. Parfois, une cité pouvait devenir tellement importante qu'elle gouvernait le pays entier, ce qui fut le cas de Babylone, qui était une ville d'Akkad et qui, à une époque, a unifié les pays de Sumer et d'Akkad pour former la Babylonie.

Maintenant que cela est plus clair, poursuivons. On attribue souvent la naissance de l'astrologie aux Babyloniens. Or, c'est vraiment à l'ancienne civilisation sumérienne qu'on la doit, bien avant la montée de Babylone. Comme on l'a vu plus haut, leurs connaissances étaient vraiment avancées. Même la façon dont sont aujourd'hui nommées les planètes nous vient d'eux.

En effet, chaque planète était associée à une de leur divinité — en fait, ils croyaient que les planètes étaient elles-mêmes les divinités. Les Babyloniens ont repris ces connaissances et y ont apposé les noms de leurs dieux, puis les Grecs ont fait de même quand ils ont pris conscience du savoir des Babyloniens. Ils ont ainsi apposé les noms de leurs dieux aux énergies similaires sur les planètes : Hermès, Aphrodite, Ares, Zeus, Kronos.

Nos planètes modernes suivent le même principe, le même ordre et les mêmes énergies, mais selon les noms des dieux romains : Mercure, Vénus, Mars, Jupiter et Saturne. Par la suite, la découverte moderne d'Uranus, de Neptune et de Pluton a permis de compléter le système solaire tel qu'on le connaît aujourd'hui, à l'exception de Pluton. Il est à noter qu'Uranus nous vient du dieu grec Ouranos, mais que Neptune et Pluton sont bien des dieux romains. Leurs équivalents grecs sont, respectivement, Poséidon et Hadès.

Revenons à nos Sumériens. Parmi les dieux et déesses qu'ils vénéraient, il y a la déesse Inanna (qui se nomme Ishtar pour les Akkadiens et les Babyloniens), encore très présente aujourd'hui dans les communautés spirituelles ou ésotériques et les cercles de femmes. Ils ont aussi découvert le phénomène des équinoxes et des solstices, en plus de comprendre et de prédire les éclipses lunaires et solaires. On leur doit également les 12 constellations, qui sont un peu plus tard venues composer les 12 signes du zodiaque.

Encore aujourd'hui, beaucoup d'étoiles et de constellations ont des noms sumériens, traduits dans notre langue, évidemment, mais dont les origines sont bel et bien sumériennes. Parmi celles-ci, on retrouve notamment les constellations du Gémeaux, du Lion, de la Balance et du Scorpion. On leur doit les autres constellations du zodiaque, mais elles n'avaient pas le même nom qu'aujourd'hui. Le Bélier, notamment, s'appelait « le travailleur à gages » et le Cancer, « les pinces ».

Quand Babylone a pris le pouvoir, les Babyloniens ont adopté le système établi par les Sumériens et l'ont poussé encore plus loin. Déjà, ils avaient observé que le cycle des éclipses se reproduisait tous les 18 ans et avaient correctement établi la nature cyclique de Vénus. À ce jour, la carte du ciel personnelle la plus ancienne qu'on a découverte date de 410 avant notre ère. Ce n'est donc pas d'hier qu'on s'intéresse à l'impact des planètes sur une personne en fonction de sa date de naissance.

Le système se rapprochant le plus de celui qu'on utilise aujourd'hui est arrivé avec l'astrologie hellénistique, celle des Grecs, et Ptolémée, qui décrivit les signes, les maisons et les planètes telles que nous les connaissons aujourd'hui. Cela date du 1er siècle avant notre ère ! D'ailleurs, l'astrologie hellénistique est une branche de l'astrologie qui est encore pratiquée aujourd'hui.

Et n'oublions pas que, déjà à cette époque, beaucoup d'autres civilisations (comme les Mayas, les Aztèques, les Chinois ou les Indiens) avaient elles aussi développé leurs propres systèmes ou le feraient dans les siècles suivants.

La chute de l'Empire romain en 476 entraîna l'effondrement de l'astrologie gréco-romaine pendant près d'un millénaire. En Europe, elle tomba dans un certain obscurantisme, beaucoup de charlatans donnèrent une incroyable mauvaise réputation à la pratique et on s'en méfia de plus en plus.

Les choses se transformèrent toutefois et, au 15e siècle, l'astrologie comptait alors parmi les sciences enseignées à l'université et était même utilisée en médecine. Chaque cour royale, roi, reine et personne d'influence avait son astrologue. On n'a qu'à penser au fameux Nostradamus, astrologue de Catherine de Médicis, qui prédit la mort de son époux, le roi de France Henri II.

Au 16e siècle, l'astrologie était vraiment partout. Les astrologues faisaient partie de l'élite et étaient des gens très éduqués, qui avaient dû faire de hautes études universitaires pour atteindre leur statut. Mais l'arrivée du siècle des Lumières sonna une autre pause dans l'histoire de l'astrologie. Les philosophes rationalistes voulaient une société où le progrès était uniquement basé sur la science, la logique. Les astrologues furent rapidement mis de côté, on commença à mettre en doute leurs croyances, leurs prédictions et même à ridiculiser leur pratique. À partir de ce moment, le seul endroit où l'on pouvait continuer d'étudier et de pratiquer l'astrologie était dans les sociétés secrètes. En 1666, avec l'arrivée de l'Académie des sciences, on exclut l'astrologie du programme et on proclama même l'interdiction de l'enseigner ; elle fut reléguée au statut de simple croyance et fit dès lors partie de l'occulte. Les cours royales supprimèrent le poste d'astrologue royal (oui, ce poste existait !). Seule l'Angleterre le conservera pendant un autre siècle.

La toute fin du 18e siècle sonna le divorce définitif entre astronomie et astrologie, qui, jusque-là, avaient été intimement liées. Jusqu'en 1920, l'astrologie fut pratiquée en secret, méprisée, jugée comme étant une superstition et plus du tout prise au sérieux. Elle n'était plus considérée comme une science.

Mais à partir de 1920, on la voit réapparaître dans les almanachs, les journaux, les magazines et à la radio. Carl Jung, médecin psychiatre suisse, révolutionna complètement la pratique et lui redonna un certain sérieux, qui avait été perdu jusque-là, et une crédibilité nouvelle. Nous en reparlerons en détail un peu plus loin.

Et finalement, aujourd'hui, l'astrologie est partout et redevient férocement à la mode. Les millénariaux en sont particulièrement friands, et beaucoup d'entreprises, pour mieux les rejoindre, en abordent la pratique. L'astrologie est de plus en plus courante et considérée comme « normale ». Des astrologues ont su bâtir des empires virtuels basés sur leur pratique, et les discussions sur les éclipses, les rétrogradations ou les saisons du zodiaque sont maintenant monnaie courante.

Personnellement, j'associe beaucoup cela à l'éveil collectif au sujet de l'énergie féminine qui s'est produit en 2012. Vous avez peut-être déjà entendu parler des anciennes civilisations (notamment les Mayas) qui prédisaient la fin du monde en 2012 ?

Nous sommes encore ici, heureusement, puisque je crois que c'était une fin du monde symbolique — la fin du monde tel que nous le connaissions, c'est-à-dire hautement masculin et ancré dans une énergie masculine toxique. Je ne vous ferai pas l'exposé détaillé des énergies féminines et masculines, j'ai déjà écrit un livre complet sur le sujet ! Sachez seulement qu'il ne faut pas associer les énergies aux sexes. Sinon, ça nous inspire une fausse idée selon laquelle il y aurait une compétition entre les deux et que la « victoire » de l'une viendrait étouffer l'autre. Ce n'est pas ça du tout. Chaque être humain, peu importe à quel sexe il s'identifie et peu importe son orientation sexuelle, a en lui de l'énergie féminine et de l'énergie masculine.

Ces énergies féminines ou masculines ont ce qu'on appelle un penchant sacré, ou divin, qui est l'expression des hautes vibrations, des « beaux côtés » de cette énergie. Et évidemment, elles ont aussi le penchant « basses vibrations », qu'on appelle toxique. Dans notre société, pendant environ 3 000 ans, l'énergie masculine a pris le dessus sur l'énergie féminine. Lentement, subtilement au début, puis de manière de plus en plus imposée et violente. On s'est mis à favoriser les qualités de l'énergie masculine et à dénigrer celles de l'énergie féminine. Si une énergie devient trop présente, c'est comme en astrologie, lorsqu'on parle d'exaltation, elle est amenée beaucoup plus facilement dans ses basses vibrations. L'énergie masculine prenant de plus en plus de place en nous (individuellement et collectivement), elle est rapidement devenue une masculinité toxique.

La masculinité toxique est ce qui nous pousse à la division, à la compétition, à la guerre, à la séparation, à la peur de l'autre et à la peur tout court : c'est un régime de domination par la peur, de puissance qui écrase tout ce qui est différent ou menaçant. Vous reconnaissez certains points communs avec notre société actuelle ? Moi oui, beaucoup.

La chasse aux sorcières, l'esclavage, l'holocauste, les guerres, le racisme, le sexisme, la suprématie blanche sont tous des résultats (horribles) de la domination de l'énergie masculine toxique dans notre société. Est-ce que 2012 a tout changé ? Pas encore. Mais, on voit un réel changement qui s'est amorcé, si on prend le temps d'observer ce qui se passe autour de soi.

« La fin du monde tel qu'on le connaissait », pour moi, c'est un retour du féminin. Et effectivement, à partir de 2012, de plus en plus de femmes ont connu un éveil spirituel vraiment fort. Tout ce qui était *new age* a arrêté d'être excentrique et marginal et est de plus en plus revenu dans les discours. De nombreuses femmes, dont je fais partie, se proclament aujourd'hui fièrement sorcières. On a ramené à la mode les cristaux, l'herboristerie, le paganisme, le travail avec le monde invisible, les dons de médiumnité, les dons psychiques, le cycle lunaire, le travail avec les divinités, tout ce qui touche à l'énergie subtile, les auras, etc. Toutes des pratiques hautement intuitives et de ce fait fortement liées à l'énergie féminine… tiens donc !

L'énergie féminine est ce qui nous procure notre pouvoir créateur, notre imaginaire, notre connexion à nos émotions. C'est celle qui nous apporte l'ouverture, l'empathie, la compassion, l'amour de soi et des autres. C'est une énergie douce et lente, qui a besoin de temps et d'espace pour se déployer: dans des sociétés où tout va vite et où l'on doit constamment être occupé par quelque chose, il est évident qu'on lui a laissé peu de chances jusqu'à maintenant. Le *slow living* ? Énergie féminine. Le minimalisme ? Énergie féminine. Il y a tant de choses aujourd'hui qui nous poussent à faire une cassure avec la société qu'on a connue, que ce soit dans l'éducation de nos enfants, le retour à la terre, la rupture avec la surconsommation, le retour aux commerces locaux, la semaine de travail moins chargée, la lutte antiracisme… Réfléchissez seulement à la façon dont vous viviez et pensiez il y a 10 ans ; il y a de fortes chances que cela ait grandement évolué. Juste le fait que vous ayez ce livre entre les mains est une grande preuve d'ouverture d'esprit, à mon avis. Si je l'avais écrit il y a 10, 15 ans, il serait probablement relégué tout au fond des quelques librairies qui le vendraient.

Ma vision de l'astrologie

Il faut savoir qu'il existe beaucoup de branches et de variations de l'astrologie. Je vais d'ailleurs vous présenter les principales un peu plus loin. Mais commençons avec ma vision des choses, puisque c'est ce que nous explorerons en détail ensemble.

Pour moi, l'astrologie et la carte du ciel sont vraiment des outils de connaissance de soi. Je les utilise pour mieux me comprendre, m'aimer davantage, explorer les leçons choisies par mon âme pour cette vie-ci, reconnaître mon type de comportement, de réaction, de façon de vivre mes émotions, et me connecter à ce qui me rend réellement heureuse, à ce qui appelle mon cœur. Et je fais la même chose avec mes clients. Je le vois comme un outil incroyablement apaisant, qui apporte beaucoup de clarté et de paix intérieure.

En rencontre, mon but est que la personne reparte avec un grand sourire, qu'elle comprenne pourquoi elle est comme elle est et qu'elle ait la conviction d'être « normale » et parfaite ainsi. Parce que, voyez-vous, nous avons tous et toutes des contradictions, des dualités en nous, qui nous poussent parfois à croire qu'on ne peut pas posséder ces deux traits à la fois, qu'il faudrait en choisir un et ignorer l'autre. Faux ! Ces contradictions internes sont normales.

Combien de fois me suis-je fait dire : « Oh mon Dieu !, je pensais que j'étais folle d'être parfois [un extrême] et parfois [l'autre extrême] ! » Il faut voir ces oppositions comme les cadeaux qu'elles peuvent être. Quand on apprend à reconnaître, à accepter et à honorer les différences en nous, on constate à quel point elles sont des atouts majeurs, qui nous amènent beaucoup de polyvalence et de profondeur, de potentiel et de possibilités !

Ma vision de l'astrologie

Je me concentre vraiment sur la relation entre les astres et l'humain. Je me spécialise dans les cartes du ciel personnelles — parce que là aussi, il y a plein de possibilités — et j'aime bien guider ma communauté selon les énergies collectives du moment, pour leur donner des pistes de réflexion et des explications sur les défis du moment. Je continue chaque jour d'apprendre, ma bibliothèque est garnie d'ouvrages sur l'astrologie, je suis une nouvelle formation chaque année, parce que l'astrologie est INFINIE. C'est un savoir tellement vaste et complexe. Et c'est ce que j'essaie aussi de transmettre à mes étudiants. Évidemment, avec moi, ils n'apprendront pas 100 % de tout ce qu'il y a à savoir ! Est-ce qu'ils pourront interpréter des cartes du ciel personnelles après ma formation ? Tout à fait. Mais ce n'est qu'une petite parcelle de tout ce qui est possible.

Mes premières cartes du ciel me demandaient des heures de préparation à fouiller dans toutes mes notes de cours, à comparer plusieurs sources supplémentaires, à noter tout ce que je voulais aborder pour être certaine de ne rien oublier. J'étais tellement dans ma tête, dans mes connaissances, dans mes notes, suivant un protocole précis. C'était long, compliqué et franchement épuisant. J'étais stressée avant une rencontre. Heureusement que je ne facturais pas mes services à ce moment, j'aurais paniqué !

Franchement, quand on commence à s'intéresser à l'astrologie, ça peut rapidement devenir étourdissant et décourageant. Encore une fois, c'est pourquoi j'ai opté pour la simplicité dans mon premier livre sur le sujet. Je ne veux surtout pas que vous déposiez cet ouvrage en vous disant que c'est compliqué et que vous n'y arriverez jamais. C'est aussi la raison pour laquelle ma formation suit un ordre précis et que je ramène toujours mes élèves dans le moment présent : il faut vraiment maîtriser ce qu'on est en train d'explorer, sinon, vous serez mélangés et découragés, c'est garanti !

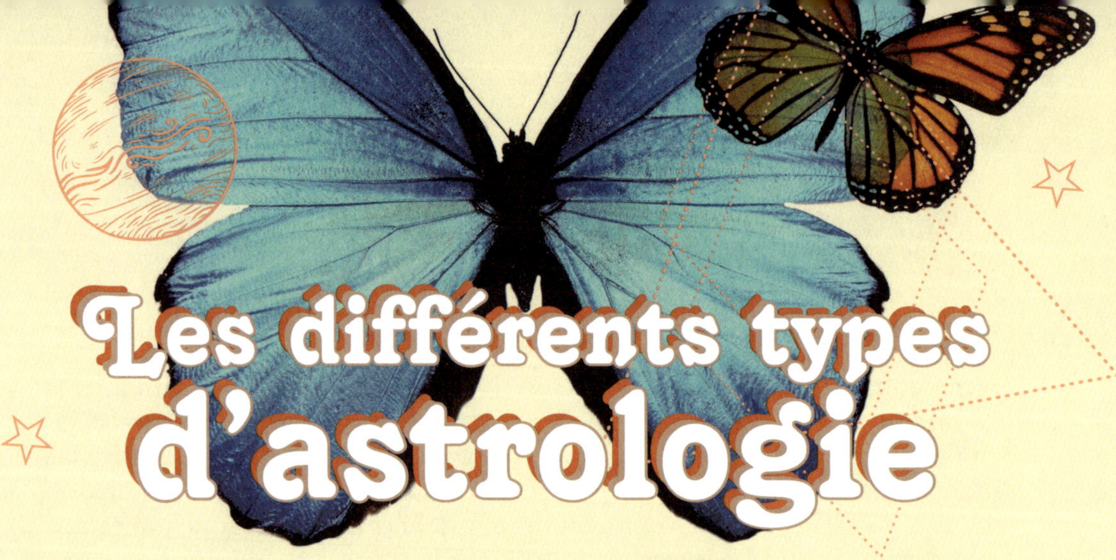

Les différents types d'astrologie

Alors, tout d'abord, il faut comprendre qu'il y a deux systèmes de zodiaque différents : tropical et sidéral. On dit aussi : astrologie tropicale et sidérale. Il n'y en a pas un qui soit meilleur que l'autre, ce n'est pas une compétition entre les deux (les discussions s'enveniment parfois entre astrologues qui veulent prouver que « leur système est meilleur »), ils sont simplement différents. Pour ma part, j'utilise le système tropical. C'est donc de ce dernier que je vous parlerai. Je peux toutefois vous expliquer la principale différence existant entre eux.

Le **système tropical** tient compte de notre réalité sur Terre, il suit le Soleil et les saisons et c'est comme si nous observions le ciel à partir de la Terre. Même si les constellations se déplacent légèrement de notre point de vue, le système tropical garde les mêmes dates fixes depuis des siècles et des siècles. Encore plus simplement, il tient compte des secteurs zodiacaux et non des constellations.

Le **système sidéral**, quant à lui, observe les astres de manière fixe, ne tenant pas compte de notre point de vue ni de notre réalité terrestre, se base sur la position des constellations et évolue avec elles. Le système sidéral suit la position réelle des astres, ce qui donne un décalage d'environ 24 degrés avec le système tropical. Eh oui, votre signe de Soleil ne sera pas le même selon les deux types d'astrologie ! Cela donne deux cartes du ciel complètement différentes, mais généralement, on y retrouve de la vérité et on peut se reconnaître dans les deux. L'astrologie qui utilise principalement ce système se nomme « astrologie védique ».

Par exemple, si on prend une personne née avec un soleil en Bélier, cela n'a pas la même signification dans les deux systèmes. Avec le zodiaque tropical, cela veut dire qu'au moment de sa naissance, le Soleil traversait la zone prédéterminée du Bélier, qui est la même depuis plus de 2 000 ans et qui ne changera jamais. Avec le zodiaque sidéral, cela veut dire que le Soleil traversait l'emplacement actuel de la constellation du Bélier.

C'est comme si l'astrologie tropicale se concentrait plutôt sur notre réalité terrestre : qui nous sommes dans cette vie-ci, pourquoi nous sommes ici et ce que symbolise cette incarnation précise. De son côté, c'est comme si l'astrologie sidérale se concentrait sur quelque chose qui va bien au-delà de notre vie sur Terre et de notre réalité physique : c'est-à-dire sur la portion subtile de notre être, celle qui nous relie au cosmos et nous complète réellement. J'aime bien cette vision, qui nous fait rapidement comprendre qu'une astrologie n'est pas meilleure que l'autre, qu'elles sont simplement différentes.

Il en existe même un troisième type, le **zodiaque astronomique**, qui tient compte des 13 constellations du zodiaque. Parce que oui, il y a en fait 13 signes ! Une 13e constellation est visible entre le Scorpion et le Sagittaire, mais le Soleil s'y aligne seulement pendant 18 jours. Les systèmes tropical et sidéral ont choisi de diviser le ciel, qui compte 360°, en 12 portions égales de 30°, même si en réalité, les constellations ne prennent pas toutes 30° du ciel. Mais le zodiaque astronomique tient compte de ce 13e signe, nommé Ophiuchus ou le Serpentaire, ainsi que des tailles réelles des constellations. Si vous êtes né entre le 30 novembre et le 17 décembre, c'est votre signe ! Toutefois, peu d'astrologues utilisent ce système ; généralement, ce sont les astrologues védiques qui s'en servent, et même encore, seulement quelques-uns parmi eux.

Les différents types d'astrologie

Des deux principales astrologies (ou systèmes de zodiaque) découlent plusieurs spécialisations et branches d'astrologie. Il est à noter que je ne les aborderai pas toutes, il y en a tellement ! Je me concentrerai sur les plus connues et celles qui ont croisé mon chemin. Sachez qu'à peu près toutes les cultures ont leur propre version de l'astrologie.

Si on résume les systèmes :

Tropical : 12 signes qui prennent chacun 30° dans le ciel, qui suivent les saisons et dont les dates sont fixes depuis son invention.

Sidéral : 12 signes qui prennent chacun 30° dans le ciel, selon la position actuelle des constellations, créant un décalage de 24° avec le zodiaque tropical.

Astronomique : 13 signes qui prennent la taille réelle de leur constellation, créant des signes qui varient en degrés et donc en durée : entre 9 jours (Scorpion) et 37 jours (Poissons).

Pour faciliter votre compréhension, voici un tableau qui résume les dates des trois zodiaques :

Constellation	Dates tropicales	Dates sidérales	Dates astronomiques	Durée (astronomique)
Bélier	21 mars - 19 avril	15 avril - 15 mai	19 avril - 13 mai 17 mai - 18 mai	26 jours
Taureau	20 avril - 20 mai	16 mai - 15 juin	14 mai - 16 mai 19 mai - 20 juin	35 jours
Gémeaux	21 mai - 20 juin	16 juin - 15 juillet	20 juin - 20 juillet	30 jours
Cancer	21 juin - 22 juillet	16 juillet - 15 août	21 juillet - 9 août	19 jours
Lion	23 juillet - 22 août	16 août - 17 septembre	10 août - 15 septembre	36 jours
Vierge	23 août - 22 septembre	18 septembre - 18 octobre	16 septembre - 30 octobre	44 jours
Balance	23 septembre - 22 octobre	19 octobre - 18 novembre	31 octobre - 19 novembre	20 jours
Scorpion	23 octobre - 21 novembre	19 novembre - 17 décembre	20 novembre - 29 novembre	9 jours
Ophiuchus			30 novembre - 17 décembre	18 jours
Sagittaire	22 novembre - 21 décembre	18 décembre - 16 janvier	18 décembre - 18 janvier	31 jours
Capricorne	22 décembre - 19 janvier	17 janvier - 14 février	19 janvier - 15 février	27 jours
Verseau	20 janvier - 19 février	15 février - 14 mars	16 février - 11 mars	23 jours
Poissons	20 février - 20 mars	15 mars - 14 avril	12 mars - 18 avril	37 jours

Astrologie occidentale/de l'Ouest

C'est la plus populaire en Occident, comme son nom l'indique, et elle suit le système tropical. C'est celle que vous connaissez probablement déjà, qu'on retrouve aujourd'hui dans tous les médias sous forme d'horoscopes. Le signe astrologique que vous vous apposez vient fort probablement de l'astrologie occidentale. Une grande portion des astrologues d'Amérique et d'Europe suivent cette forme d'astrologie ou, du moins, commencent avec elle. C'est un peu la porte d'entrée de l'astrologie.

Ce type d'astrologie se concentre principalement sur la personnalité de quelqu'un, et le but est d'aider la personne à intégrer sa personnalité, c'est-à-dire de reconnaître et de dépasser les limites et les « problèmes » d'une personnalité, comme les excès physiques, l'instabilité émotionnelle et la pensée négative. Le but est d'amener le corps physique, le corps émotionnel et le mental dans un état se rapprochant de l'équilibre. Ce processus est long — et vraiment… qui peut affirmer avoir atteint en totalité cet objectif ? Mais lorsqu'on commence à marcher sur ce chemin, on peut alors commencer à mettre sa personnalité au service de l'âme et à connecter avec son Moi supérieur, ce qui est en quelque sorte le but de l'astrologie ésotérique, qu'on verra un peu plus loin.

Astrologie védique

L'astrologie védique est la principale forme d'astrologie qui suit le système sidéral et elle nous vient de l'Inde. On l'appelle aussi astrologie hindoue, indienne ou *Jyotish*, son nom en sanskrit, qui vient de *jyoti* (lumière) et *shasta* (science). C'est la science de la lumière. Certains la voient comme le langage de l'univers. Beau, n'est-ce pas ?

L'astrologie védique vient des Védas, qui sont des textes sacrés de l'Inde, vieux de plusieurs millénaires, débordant de sagesse et de savoir. On a commencé à les transcrire environ 3 000 ans avant notre ère, mais les premiers auteurs n'en sont pas les créateurs, puisque ces enseignements étaient transmis oralement, de sage-maître (*Brâhmana*) à élève.

Aujourd'hui, les astrologues védiques font aussi des cartes du ciel pour leurs clients, mais avec des connaissances et systèmes différents. J'ai été fascinée de lire sur ce type d'astrologie que je connaissais à peine. L'astrologie védique traduit l'univers en symboles compréhensibles pour aider à l'évolution de la conscience. Dans cette tradition, neuf planètes (visibles ou non) ont une influence sur l'humain : le Soleil, la Lune, Mercure, Vénus, Mars, Jupiter et Saturne, qui ont des corps physiques, et Rahu et Ketu, qui sont des résultats de calculs astronomiques qui existent seulement dans le corps énergétique.

Les sept planètes visibles (on compte le Soleil et la Lune comme « planètes » en astrologie) sont liées à nos sept chakras, qui sont les principaux centres énergétiques du corps humain. Chacune de nos pensées et actions influence un de nos chakras de manière harmonieuse ou destructrice. Lorsque trop d'énergie destructrice s'accumule, cela peut provoquer un blocage sur le plan énergétique, puis sur le plan émotionnel et, finalement, sur le plan physique.

Si une planète a une influence forte et positive sur une sphère de notre vie, ce domaine s'épanouira sans trop d'efforts, de manière fluide et facile. À l'opposé, si l'influence est plutôt négative, nous devrons faire énormément d'efforts pour amener de l'harmonie dans la sphère touchée.

Comme je ne suis pas spécialiste de cette pratique, je ne m'aventurerai pas trop loin dans mes explications. Si cette branche de l'astrologie vous attire, n'hésitez surtout pas à en lire plus sur le sujet. Personnellement, ma curiosité a indéniablement été piquée et je vais approfondir mes connaissances.

Astrologie ésotérique

On utilise ce terme pour parler de l'astrologie qui se concentre sur l'âme: pourquoi l'âme est ici, ce qu'elle vient chercher, comment elle évolue, quelles sont ses leçons, etc. C'est le voyage de l'âme, dans cette vie-ci.

De manière traditionnelle, cette branche de l'astrologie a été introduite par Alice A. Bailey dans une collection de 24 volumes, écrits entre 1919 et 1949, partageant les enseignements du maître tibétain Djwhal Khul. Au cœur de ce savoir se trouve le concept des sept rayons, qui fait partie de la psychologie ésotérique. Il faut savoir que les approches des astrologues ésotériques varient beaucoup entre elles. Certains utilisent les sept rayons — c'est un concept qui demande énormément d'études et d'entraînement avant de le comprendre, de le mettre en pratique et de l'incarner. Par exemple, ma professeure initiale a adopté l'astrologie ésotérique et la formation qu'elle enseigne est basée sur cette dernière... Or, pas une fois elle n'a mentionné le principe des sept rayons. Ce n'est pas une critique, c'est un simple fait pour illustrer qu'on peut pratiquer cette approche sans aborder les sept rayons.

Aussi, il faut savoir que certains utilisent les planètes maîtresses traditionnelles et d'autres, les planètes maîtresses ésotériques.

Signe	Planète maîtresse traditionnelle	Planète maîtresse ésotérique
Bélier	Mars	Mercure
Taureau	Vénus	Vulcan (une planète hypothétique que les astrologues ésotériques visualisent près du Soleil)
Gémeaux	Mercure	Vénus
Cancer	Lune	Neptune
Lion	Soleil	Soleil
Vierge	Mercure	Lune
Balance	Vénus	Uranus
Scorpion	Pluton	Mars
Sagittaire	Jupiter	Terre
Capricorne	Saturne	Saturne
Verseau	Uranus	Jupiter
Poissons	Neptune	Pluton

Ça fait bizarre quand on n'a pas l'habitude et qu'on voit ça pour la première fois !

Les pratiques varient en astrologie ésotérique, mais la source est la même. On s'entend sur le fait que c'est l'astrologie de l'âme et que son but est d'unir la personnalité et l'âme, d'avoir accès à son Moi supérieur.

C'est une forme d'astrologie qu'on pourrait qualifier de très bienveillante. Elle se concentre sur la pleine expression de l'âme, sur les hautes vibrations des énergies. L'astrologie traditionnelle a plutôt tendance à mettre l'accent sur le négatif, les problèmes, ce qui est à surveiller. Un bon exemple pour illustrer cette différence, c'est une personne qui aurait un *stellium* (c'est-à-dire trois planètes ou plus sous un même signe ou une même maison) en 12e maison : traditionnellement, cette particularité est vue très négativement — la 12e maison gouverne les prisons, les asiles, les hôpitaux, les monastères… des endroits où, en un sens, certaines personnes vont laisser tomber leur individualité et leur pouvoir personnel pour être « prises en charge » par une institution. Elle touche le confinement, les ennemis et les intentions cachés, l'autodestruction. Les gens qui avaient un tel placement étaient souvent « condamnés » (astrologiquement parlant) à des vies marginales, dépressives, destructrices, lourdes, criminelles, ou encore, cela symbolisait pour eux de lourdes dettes karmiques qu'ils se retrouvaient à payer dans cette vie.

L'astrologie ésotérique voit plutôt les personnes qui ont une forte 12e maison comme des gens pleins de compassion, de créativité et de sensibilité. Ils ont besoin de passer beaucoup de temps avec eux-mêmes, sont très réservés. Souvent, ils ont un grand désir d'être au service des gens moins fortunés et plus vulnérables. Ce sont des éponges psychiques (ils absorbent facilement les émotions, les énergies et la douleur des autres), alors ils ont doublement besoin de temps en solo pour refaire leurs forces et se défaire de tout ce bagage émotionnel. Ils ne sont pas de ce monde… Souvent, ils vont davantage s'identifier comme une âme et avoir ce désir de retourner « à la maison », même s'ils ne comprennent pas trop où c'est. Ils ont parfois des énergies mélancoliques, avec le chagrin facile, sans trop savoir pourquoi. Ils ne sont pas très enracinés, ont la tête dans les étoiles et les autres dimensions et, souvent, n'ont pas l'air de ce monde. C'est la maison de la transcendance : terminer pour mieux recommencer.

Oui, cette maison vient avec ses défis, mais l'astrologie ésotérique la perçoit du point de vue de l'âme, et non de la personnalité. Elle se concentre donc à mettre fin à de vieux schémas pour les transcender et prendre contact avec le monde invisible et mystique. C'est aussi la maison qui nous encourage à la libération du poids de certaines vies antérieures et dettes karmiques, pour ainsi recommencer un nouveau cycle.

Astrologie des archétypes/psychologique

Ces types d'astrologie prennent racine dans la psychologie analytique de Carl Gustav Jung. L'objectif n'est pas de faire des prédictions, mais de permettre au client de se comprendre en profondeur, de réaliser tout le potentiel qu'il a en lui, à sa disposition, et de savoir comment l'activer pour qu'il devienne lui-même. Liz Greene, astrologue et psychanalyste jungienne, explique le parallèle : « L'astrologie devient un plan de la psyché, qui révèle des traits de personnalité dont nous n'avons pas encore pris conscience. Avec son aide, nous pouvons parvenir à une meilleure connaissance de soi ainsi qu'à une compréhension plus complète de notre vraie nature. »

Dans cette discipline, on y parle entre autres de l'inconscient, de l'inconscient collectif (qui renferme l'immense héritage psychique de l'évolution humaine), de la psyché (l'âme), du concept de synchronicité[5], des archétypes et des types psychologiques (qui se rapportent aux quatre éléments).

5. La synchronicité est un concept qui a été développée par Carl Gustav Jung, psychiatre suisse, dans l'essai *La synchronicité, principes de relations accusales*, en 1952.

L'air serait le type cérébral ; l'eau, le type sensible; la terre, le type perceptif; le feu, le type intuitif.

Jung s'est mis à écrire sur le sujet puisque cette anecdote lui est arrivée, un exemple illustrant concrètement le concept de synchronicité : il fit un rêve où il rencontra un personnage avec des ailes de martin-pêcheur. Il voulut le dessiner et sortit dans son jardin, où il aperçut alors le cadavre d'un martin-pêcheur, oiseau pourtant extrêmement rare dans la région de Zurich. En bref, ce sont des événements en apparence banals, surtout du point de vue d'une personne extérieure, mais qui, pour celui ou celle qui les vit, prennent une grande importance. Vous savez, le genre d'événement où l'on se dit : « Mais c'est quoi les chances ? ! » C'est en quelque sorte ce qui explique l'astrologie : ce n'est pas un hasard si vous avez la carte du ciel exacte que vous avez.

L'une des portes d'entrée de cette astrologie est les archétypes. Grâce à ses études, Jung a découvert que toutes les cultures possèdent dans leurs mythes et légendes des symboles universels. Ceux-ci montrent une connaissance ou une sagesse qui sont communes à l'ensemble de l'humanité. Il les nomma « images fondamentales », ou « archétypes ».

Les archétypes sont donc des images qui servent à représenter plus facilement une énergie et qui sont applicables à l'astrologie. Ainsi, chaque planète, chaque signe, chaque élément a son archétype. Personnellement, je m'intéresse beaucoup aux archétypes des déesses pour apporter un outil supplémentaire lors de mes lectures de carte du ciel. Chaque signe astrologique peut facilement être associé à une déesse. Si cette notion vous intéresse, je vous recommande le livre *The Twelve Faces of the Goddess: Transform Your Life with Astrology, Magick, and the Sacred Feminine*, de Danielle Blackwood.

Astrologie karmique

L'astrologie karmique est particulièrement fascinante. Elle se concentre sur le karma, tel que son nom l'indique, et sur nos vies antérieures dans le but de mieux comprendre ce que notre âme est venue chercher dans cette vie-ci et comment nous pouvons évoluer, pour apprendre certaines leçons et réparer le karma.

Le karma est un concept qu'on retrouve chez les hindouistes et les bouddhistes, bien qu'il y ait des nuances entre les deux façons de l'aborder. C'est un mot qui vient du sanskrit *karman*, qui veut dire « œuvre, action, conséquence ». Le karma serait la source des réincarnations successives de l'homme dans un but ultime de délivrance, puisque chaque action entraîne une conséquence (positive ou négative, selon l'action) dans la vie suivante. On peut bâtir son karma, bon ou mauvais.

Rappelons que, selon ce principe, notre âme, en arrivant sur Terre, s'embarque dans un très long cycle de réincarnation pour vivre toutes les expériences possibles et évoluer vers l'épanouissement total en quelque sorte. Chez les hindouistes, c'est ce qu'on appelle le nirvana. Chez les bouddhistes, on visera, en plus de l'épanouissement, l'extinction du désir.

En astrologie, on s'éloigne un peu de ces concepts et on se concentre sur une chose: l'âme. Comment évolue-t-elle ? Que traîne-t-elle de ses vies antérieures ? Avec quel genre de karma arrive-t-elle et comment peut-elle s'en libérer plus facilement ? Comment peut-elle générer un karma plus positif pour la vie suivante ? Quelles leçons vient-elle apprendre ? Quel serait le chemin le plus direct pour son bonheur et son épanouissement dans cette vie précise ? Et ainsi de suite. Oui, on peut voir ça dans une carte du ciel !

Cela dit, attention. L'astrologie karmique est surtout un complément aux branches plus traditionnelles de l'astrologie. C'est-à-dire qu'il faut apprendre à maîtriser l'interprétation d'une carte du ciel avant de se lancer dans l'astrologie karmique. Astrologies ésotérique et karmique vont merveilleusement bien ensemble (même que parfois on les mélange). On peut faire de l'astrologie karmique en plus de l'astrologie traditionnelle, mais pas l'inverse.

Cette astrologie se concentre sur des choses bien précises dans une carte : les nœuds lunaires d'abord et avant tout, mais aussi les planètes en mouvement rétrograde au moment de la naissance, la lune noire (Lilith). Certains utilisent aussi la part de fortune, les signes interceptés et les aspects képlériens. Là, par contre, on se lance dans de l'astrologie très avancée. La porte d'entrée de l'astrologie karmique est généralement en lien avec les nœuds lunaires.

Les nœuds lunaires sont des points fictifs : ils n'existent pas avec quelque chose de physique, comme une planète par exemple. C'est un point géométrique dans le ciel, qui se trouve au croisement de l'axe elliptique du Soleil et de celui de la Lune.

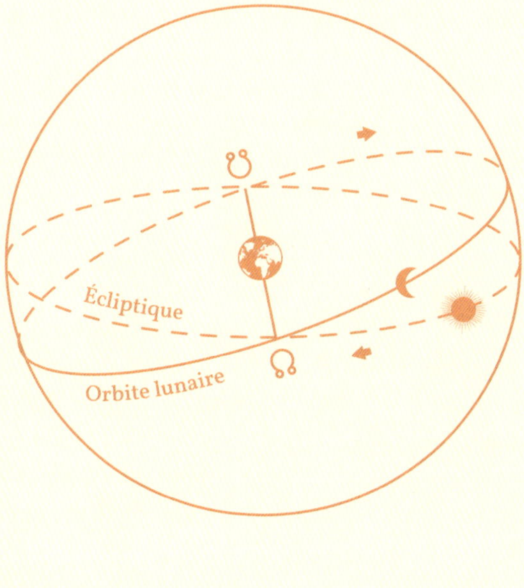

Cela nous donne le nœud sud (indicateur de vies antérieures) et le nœud nord (ou nœud moyen, c'est la même chose), qui nous guide vers la direction à prendre dans cette vie-ci. Souvent, les sites générateurs de cartes du ciel indiquent seulement le nœud nord. Mais pas de panique : le nœud sud est toujours dans le signe opposé. Les oppositions sont :

Bélier	↔	Balance
Taureau	↔	Scorpion
Gémeaux	↔	Sagittaire
Cancer	↔	Capricorne
Lion	↔	Verseau
Vierge	↔	Poissons

Ce sont d'ailleurs ces nœuds qui déterminent les signes sous lesquels se trouvent les éclipses, solaires et lunaires. Les nœuds lunaires font le tour complet du zodiaque en 18,6 ans, donc ils changent de signe environ tous les 18 mois. C'est pourquoi, sur cette durée, les éclipses sont toujours sous les deux mêmes signes — par exemple, au moment d'écrire ce livre, les nœuds lunaires viennent tout juste de passer de l'axe Cancer-Capricorne à l'axe Sagittaire-Gémeaux.

Autres types d'astrologie

L'astrologie compte tellement d'autres branches. Certaines sont très anciennes, comme l'astrologie des Mayas ou l'astrologie chinoise. D'autres spécialités sont, quant à elles, bien de notre époque, comme l'astrologie financière ou entrepreneuriale. C'est un domaine infini — vraiment infini — où l'on peut toujours apprendre davantage, pousser ses connaissances ou se tourner vers une nouvelle branche.

Mon type d'astrologie

Avec le temps, j'en suis venue à développer ma propre pratique. Pratique qui, on s'entend, n'est pas une branche à 100 % unique. Je la vois comme une « saveur » ajoutée à ce que j'ai appris et un amalgame des astrologies qui me passionnent. J'ai été formée en astrologie ésotérique et j'ai ajouté une corde à mon arc grâce à une formation en fréquences planétaires et archétypes planétaires, en plus d'explorer l'astrologie karmique et l'astrologie des archétypes. J'apprends sans cesse et je pense que mon prochain plongeon risque d'être en astrologie védique. Mais bon, une chose à la fois !

Pour revenir à mon propre style, je l'ai nommé « astrologie de l'harmonie ». Pourquoi ? Parce que j'ai remarqué qu'intuitivement, mes lectures de cartes du ciel se concentraient de plus en plus sur une chose en particulier, que je n'avais pourtant pas apprise : les énergies opposées, sans parler d'opposition concrète. Ce que je veux dire par là, c'est que, généralement, quand on parle d'opposition, cela veut dire que nous avons deux planètes qui sont en signes opposés : vous pourriez par exemple avoir votre soleil en Bélier et votre ascendant en Balance. Les oppositions que j'avais apprises dans mes formations s'arrêtaient là.

Pourtant, je remarquais de plus en plus que, sans avoir d'opposition « officielle », les gens avaient énormément d'énergies opposées en eux, et que c'était souvent exactement pour cette raison qu'ils me consultaient à la base. Parce qu'ils avaient de la difficulté à comprendre comment ils pouvaient être à la fois X et Y, c'est-à-dire un extrême et son contraire. Mais les énergies opposées sont partout !

- Elles sont dans les éléments : par exemple, quand les éléments qui prennent le plus d'importance dans votre carte sont la terre et l'air, ou l'eau et le feu.

- Elles sont dans les signes : pas besoin que ceux-ci soient concrètement opposés pour ressentir le tiraillement des énergies profondément différentes. Par exemple, avoir beaucoup de Taureau et de Gémeaux traditionnellement, on n'y verrait aucune opposition, alors que ce sont deux signes aux antipodes.

- Elles sont dans les positions des planètes et des maisons : quand on appose l'énergie du signe qui la gouverne à une maison, on comprend alors l'origine de grandes zones de conflit intérieur. Par exemple, la 12ᵉ maison est gouvernée par le Poissons, elle a donc une énergie de Poissons. Maintenant, imaginez que votre soleil en Capricorne soit dans cette maison. Ça veut dire que votre personnalité risque d'être bien mélangée entre le côté très « droit » du Capricorne et le côté fluide du Poissons.

Le plus beau dans tout ça, c'est que lorsqu'on prend le temps de comprendre et de reconnaître ces différences, on accède alors à leur harmonisation. On se rend compte à quel point ces différences sont de vrais cadeaux et peuvent nous aider dans la vie. Ça, c'est ma spécialité !

La vision de l'astrologie sur la vie

On a abordé brièvement les vies antérieures avec l'astrologie karmique. Poursuivons un peu sur le sujet ! Si vous avez ce livre entre les mains, il y a de fortes chances que vous ayez déjà une opinion sur la vie et les vies antérieures et sur ce qu'on vient faire sur Terre. Si vous ne savez pas trop encore, pour vous aider à vous faire votre propre avis sur la question, laissez-moi vous raconter comment l'astrologie voit les choses. Je ne peux vous affirmer que tous les astrologues ont le même point de vue ; considérez donc que mes écrits seront teintés de ma propre vision. Mais en règle générale, la communauté s'entend sur la base : l'astrologie nous permet de comprendre pourquoi on est ici, dans cette vie-ci.

Ma façon d'imaginer les choses est que nos âmes naviguent tout près de notre réalité. Elles savent exactement ce qu'elles sont maintenant prêtes à expérimenter. Elles choisissent donc de quels parents elles doivent naître, à quel moment précis et à quel endroit, pour obtenir la carte du ciel qui sera le plan exact de qu'elles viendront dévoiler au cours de leur existence terrestre.

Rien n'est laissé au hasard. « Oui, mais je voulais accoucher de telle façon et finalement j'ai eu une césarienne, ça a changé la carte du ciel de mon enfant, non ? » Non. Votre enfant savait exactement ce qui allait se passer et a tout choisi pour vous, pour lui, en fait. Notre carte du ciel devient l'empreinte des leçons de vie qui se déploieront dans cette existence. C'est un outil extrêmement précieux pour apprendre à mieux se connaître, à mieux se comprendre, à s'aimer davantage et à accepter ses défis et ses victoires.

Notre carte du ciel décrit ce dont notre âme a exactement besoin, en cette vie précise. Comme on l'a vu précédemment, certains types d'astrologie se concentrent davantage sur la personnalité, pour faire la paix avec celle-ci, mais à partir de maintenant, tenez pour acquis que tout ce que nous aborderons est du point de vue de l'âme. L'astrologie comme outil de connaissance de soi, oui, mais surtout, de connaissance de notre âme.

Certaines spécialisations en astrologie vont davantage se concentrer sur le côté prédictif des choses, en comparant la carte du ciel de quelqu'un aux mouvements planétaires en cours et à venir, en essayant de prédire comment cela aura un impact sur la personne. Lorsqu'on parle de révolution solaire, par exemple, il s'agit d'analyser l'année à venir pour le client. Cette rencontre a généralement lieu lors de l'anniversaire de la personne (ou tout près). Mais on peut aller encore plus loin que ça, en analysant une vie entière.

Personnellement, ce n'est pas ce qui m'a allumée. Ne vous méprenez pas : je trouve ça fascinant et j'aime bien moi-même recevoir ce genre de lecture (je me limite à l'année qui va suivre, cela dit) et j'utilise souvent de genre d'astrologie pour mon entreprise, pour savoir quels sont les meilleurs moments pour lancer un projet en particulier. Mais, je trouve aussi que ce type d'astrologie peut être risqué, surtout dans ces situations : si l'astrologue ne fait pas attention à ses mots et à l'énergie de son client ou encore si le client remet tout dans les mains de l'astrologue et ne réalise pas qu'il reste maître de sa vie. Même si un astrologue vous prédit une année difficile en 2030, vous pourriez prendre des chemins différents d'ici là, qui feront que cette année difficile ne deviendra jamais une réalité. Tant de gens se maltraitent, se jugent, ne s'aiment pas, ne se comprennent pas. Pour moi, le plus gros du travail se trouve là ; il est vital et peut TOUT changer. Ces prises de conscience nous rendent maîtres de notre vie et nous rappellent que nous avons du pouvoir sur nos choix, nos réactions et nos actions. Qu'on n'a pas à subir une année difficile prévue par quiconque, parce qu'on peut décider de travailler sur nous-mêmes.

Prenons un exemple concret. Imaginons quelqu'un qui, au courant de la même année, vivra un divorce, perdra un proche et devra changer de carrière. Grosse année, n'est-ce pas ? Dans le scénario numéro un, la personne, qui s'était déjà fait prédire le tout par un astrologue, est quelqu'un de très passif, qui a souvent des comportements de victime, qui subit sa vie et ne comprend pas pourquoi « ça lui arrive toujours à lui ». Quand les moments difficiles commencent à arriver, cette personne s'apitoie sur elle-même et s'assoit sur ses lauriers en utilisant l'excuse « mais oui, l'astrologue me l'avait tout prédit ». Ce sera une des pires années de sa vie et cela lui prendra énormément de temps pour s'en remettre. Son divorce sera long et douloureux et elle entretiendra beaucoup de rancune ; elle vivra un deuil empreint de regrets parce qu'elle trouvait toujours une excuse pour ne pas aller voir son proche mourant. Et tout ça mènera à une dépression, qui entraînera son renvoi, qui forcera son changement de carrière. Elle est souvent dans le déni de ses leçons de vie, à l'encontre de ce que son âme vient chercher, et n'apprend malheureusement pas, ce qui la laisse la plupart du temps dans les basses vibrations de son signe.

Dans ce scénario, l'astrologie est une force, une autorité extérieure à la personne, qui lui dicte le comportement à avoir et qui la pousse à adopter une approche fataliste de sa propre vie, qui ne l'aide pas à reconnaître ses comportements autodestructeurs ni à apprendre ses leçons de vie. Elle lui sert plutôt à justifier ses mauvais choix.

Voyons le scénario deux maintenant. Même personne, mêmes événements. La différence est que cette personne travaille beaucoup sur elle-même. Elle apprend à se connaître, a guéri plusieurs vieilles blessures, comprend et accepte pourquoi elle est ici et cherche à toujours aller davantage dans les hautes vibrations de ses signes, sans se juger lorsqu'elle plonge dans les basses. Elle sait que ça fait partie du processus. Elle utilise l'astrologie comme un outil puissant de connaissance de soi, qui lui a permis de comprendre tellement de choses sur elle et qui l'aide à se rappeler qu'elle est maître de sa vie et qu'aucune autorité extérieure ne peut lui dicter quoi que ce soit. Lorsque les mêmes situations difficiles arrivent, elle les accueille très différemment. Elle a tout essayé pour sauver son couple, et le divorce est un choix qu'elle fait en étant en paix et qui représente une libération pour les deux parties qui leur permettra d'arrêter de se tirer vers le bas et de se laisser l'espace de trouver la bonne personne. Lorsque son proche tombe gravement malade, elle se retrousse les manches pour être présente le plus possible et n'avoir aucun regret lorsque la mort arrivera. Et le changement de carrière ? Il vient d'elle ! Enfin, elle ose quitter cette carrière qui l'éteint depuis trop longtemps pour suivre sa passion, avec courage.

Pour moi, c'est ÇA, ce que l'astrologie peut et devrait faire. C'est un outil concret pour nous aider à comprendre qui nous sommes et nous réapproprier notre pouvoir, pour arrêter de le donner à des sources extérieures.

C'est une manière directe d'avoir accès à son âme, de comprendre pourquoi elle a décidé de choisir cette vie et de se donner des pistes concrètes pour accéder à plus d'épanouissement.

On a toujours le choix

Première chose à comprendre : on a toujours le choix. Les cartes du ciel ne mentent jamais. Et pourtant... parfois, on est face à quelqu'un qui est tellement à l'opposé de ce que sa carte montre. Parce qu'on a le choix de se fermer à nos leçons, de ne pas les comprendre, de choisir la zone de confort et l'immobilité, de rester dans les basses vibrations de ses signes.

Vous pourriez passer une bonne partie de votre vie ainsi, et vous savez quoi ? Cela ne vous condamne en rien. Là aussi, vous avez toujours le choix de vous éveiller, de faire la paix avec vous-même, avec la vie. D'accepter vos leçons et de faire un premier pas vers votre propre évolution. Il n'est jamais trop tard ni jamais trop tôt. Le moment est toujours parfait : c'est celui qui vous convient.

La vision de l'astrologie sur la vie

Vous allez voir, certains signes viennent avec des leçons, disons, plus lourdes que d'autres. Vous ne les recevez pas pour rien : les ascendants Scorpion, par exemple, reçoivent cet ascendant parce que leur âme est prête et qu'ils ont tout en eux pour arriver à transcender ces apprentissages et grandir à travers les événements que l'ascendant leur apportera. Par contre, on peut choisir de s'y fermer, de refuser, inconsciemment, évidemment. Avoir les énergies « éteintes », ou encore être dans les basses vibrations d'un signe est souvent synonyme d'un refus d'accéder aux leçons de ce signe et à son évolution.

Il ne faut pas se juger ou juger les autres face à ce refus. Il est là pour une raison. Parfois, notre âme est fatiguée, a envie d'une pause et va se rendre quasi inaccessible. Dans ces cas, se connecter à son cœur, à son intuition, sera difficile. Et si on n'est pas connecté à soi-même, ça veut dire qu'on laisse à des autorités extérieures toute la place pour dicter nos comportements et choisir notre vie : société, entourage, religion, capitalisme, « rêve américain », attentes des autres, opinion des autres, etc.

Ce que j'aime de l'astrologie, celle qui aide les gens à faire ces prises de conscience, c'est qu'elle ne vient pas leur dire quoi faire. Elle leur rappelle simplement qui ils sont.

La carte du ciel

L'outil principal de l'astrologie est ce qu'on appelle la carte du ciel. Qu'est-ce que c'est ? Expliqué simplement, c'est comme si, au moment exact de votre naissance, à l'endroit précis où vous êtes né, on s'était tourné vers le ciel et on avait pris une photo. Cela montre donc le placement des planètes lorsque vous avez pris votre première bouffée d'air. Ce sont ces placements, ainsi que l'ascendant et les maisons, qui viendront décrire, avec une précision époustouflante, la merveilleuse personne que vous êtes et ce que vous venez chercher dans cette vie.

Pour générer votre carte du ciel, je vous recommande le site astro.com. Il est précis, tient compte automatiquement des zones horaires et des heures d'été. Vous n'avez qu'à entrer vos informations exactes et il fait le travail pour vous. C'est gratuit. Si votre ville ne s'affiche pas, pas de panique ! Faites simplement inscrire la plus grosse ville près de votre lieu de naissance. Aussi, si jamais les informations diffèrent de ce que vous pensiez (ça arrive quand notre Soleil est entre deux signes ou encore avec l'ascendant), fiez-vous vraiment à ce que dit ce site, il est ultra précis.

Vous n'aurez qu'à créer votre compte, à vous y connecter, à cliquer sur votre nom une fois qu'il apparaît et à choisir l'option « carte du ciel et ascendant ». Votre carte aura l'air de ça :

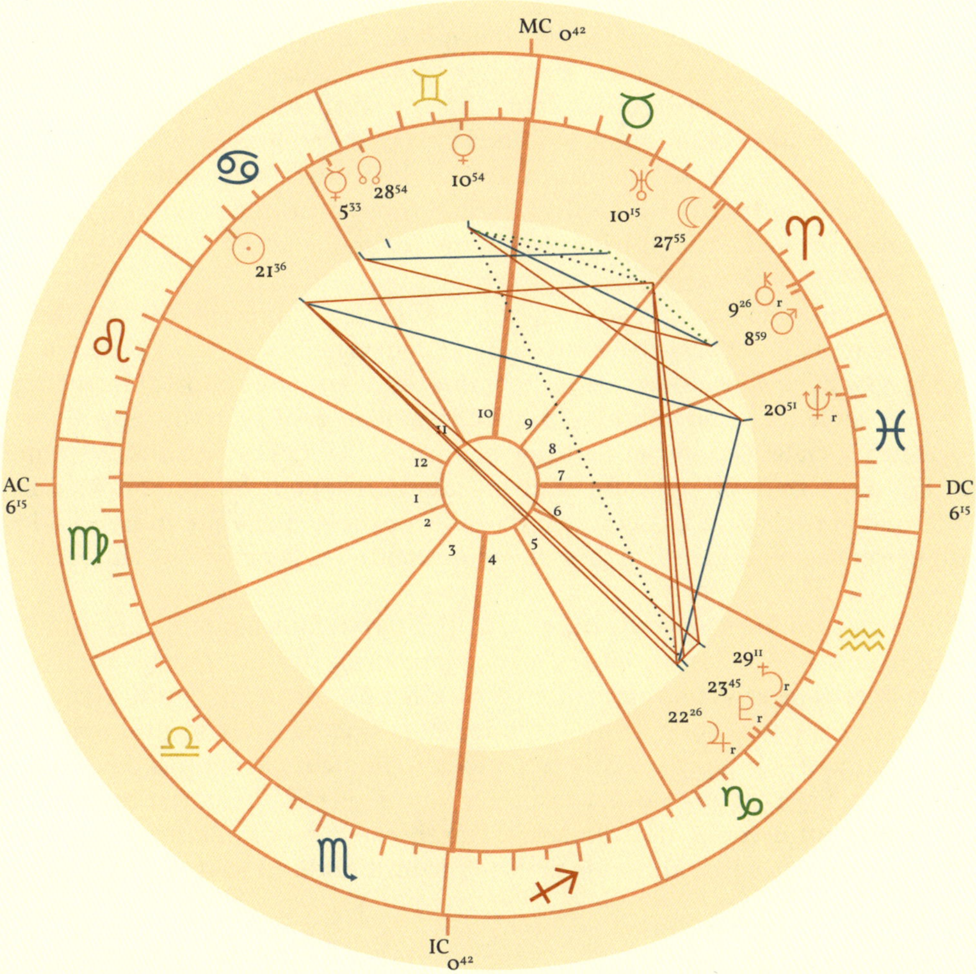
MC 0^{42}
AC 6^{15}
DC 6^{15}
IC 0^{42}
5^{33}
28^{54}
10^{54}
10^{15}
27^{55}
21^{36}
9^{26} r
8^{59}
20^{51} r
29^{11}
23^{45} r
22^{26} r
r
1
2
3
4
5
6
7
8
9
10
11
12

Maisons, ascendant ?

L'ascendant n'est pas une planète. Il s'agit du signe exact qui était à l'horizon lors de votre naissance. Il change toutes les deux heures. Une seule minute peut donc réellement faire une différence et le modifier. C'est pourquoi on demande toujours l'heure précise de naissance lorsque l'on fait une carte du ciel. La plupart du temps, les maisons découleront également de l'ascendant. Je dis la plupart du temps parce que pour compliquer les choses un peu, il y a plusieurs systèmes de maisons.

Les maisons, sur l'image, sont ce qui ressemble à douze pointes de tarte. Chaque maison est associée à un signe et gouverne des sphères précises de notre vie. Elles sont donc très importantes et viennent apporter beaucoup de précisions supplémentaires, particulièrement avec ce qu'on appelle les planètes sociales (Jupiter et Saturne) et transpersonnelles (Uranus, Neptune et Pluton). Ces dernières sont souvent identiques pour les personnes nées à la même période. Sans la maison (qui est propre à chaque individu), les interprétations seraient parfois les mêmes pour des générations entières.

Sur astro.com, le système de maison utilisé par défaut s'appelle Placidus et il tient compte de l'ascendant : c'est à partir de ce dernier que les maisons vont découler, et vous remarquerez qu'elles ne seront pas toutes égales. Vous n'avez pas à vous en préoccuper plus que ça pour le moment. Un peu comme les types d'astrologie, il existe plusieurs systèmes de maison distincts. Est-ce que l'un est meilleur que l'autre ? Je ne pense pas. Ils révèlent simplement des choses différentes. Personnellement, j'utilise presque toujours Placidus et je vous le recommande en toute confiance.

Si je n'ai pas mon heure de naissance ?

On peut quand même avoir une carte du ciel, mais elle ne comprendra pas d'ascendant ni de maisons. Les signes que vous voyez dans le cercle extérieur seront toujours identiques et dans le même ordre : du Bélier au Poissons. Cela impliquerait que toutes ces cartes auraient un ascendant Bélier et les mêmes maisons. Ça n'aurait pas de sens.

On peut quand même tirer beaucoup d'informations d'une carte du genre, mais vraiment moins. Les planètes extérieures, sociales et transpersonnelles, comme on vient de le voir, sont généralement précisées à l'aide des maisons. Comme elles bougent très lentement, cela fait que pendant plusieurs années, elles sont toutes sous le même signe. Interpréter le Pluton de quelqu'un, par exemple, est difficile sans maison, puisque toutes les personnes nées plus ou moins dans les 30 dernières années auront Pluton sous le même signe.

Ça vaut la peine de demander une copie de son certificat de naissance ou de faire appel aux archives de l'hôpital où l'on est né pour avoir cette information. Si ce n'est pas accessible, essayez d'obtenir une heure de naissance approximative en demandant à un proche qui serait au courant. Les gens ne se souviendront pas nécessairement du moment précis, mais pourraient vous dire, par exemple : « Il me semble que c'était en fin de journée, aux alentours de 17 h. » Vous pourrez donc aller sur un générateur de carte et faire des tests : modifiez votre heure de naissance de 15 minutes, entre 16 h et 18 h.

Observez chaque fois l'ascendant, les planètes et les maisons. Dans plusieurs cas, cela ne changera rien, génial ! Même si vous n'avez pas votre heure de naissance exacte, vous pourrez, en toute paix d'esprit, faire interpréter votre carte en choisissant 17 h comme heure de naissance. Si vous n'êtes pas certain, demandez-le à votre astrologue lorsque vous ferez faire votre carte du ciel, elle ou il pourra vous confirmer le tout.

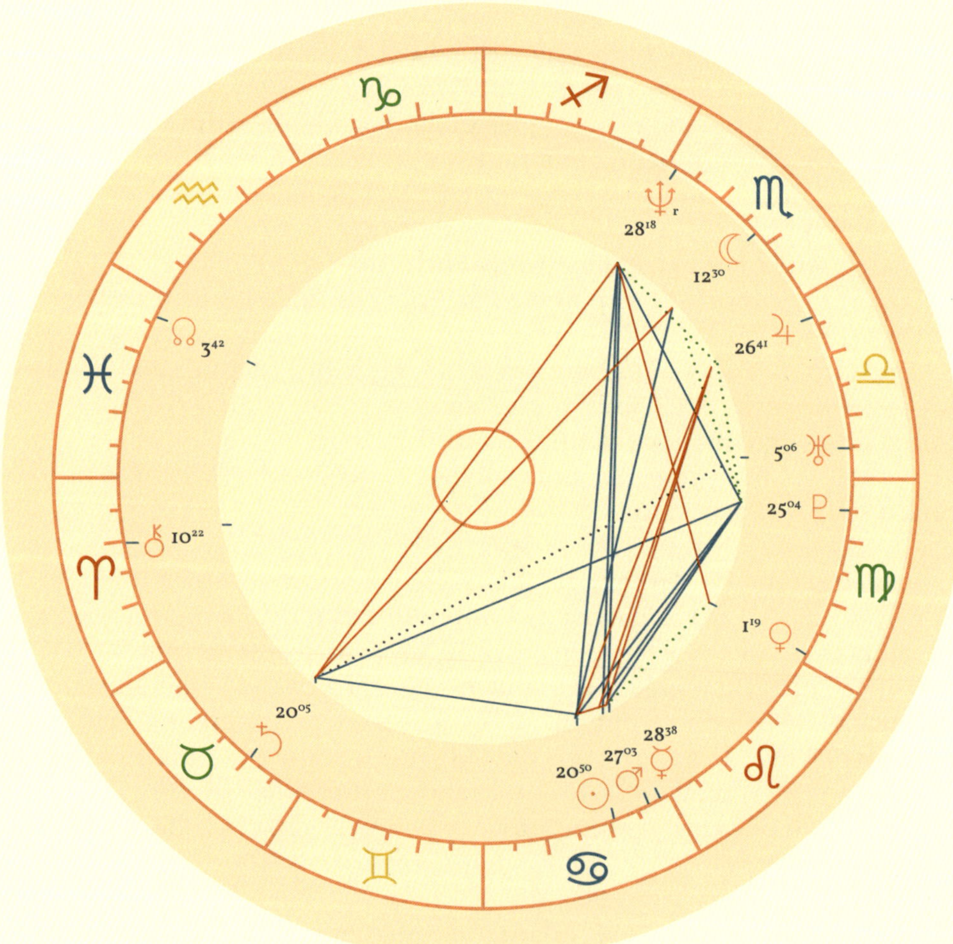
r
28^{18}
12^{30}
26^{41}
5^{06}
25^{04}
1^{19}
28^{38}
27^{03}
20^{50}
20^{05}
10^{22}
3^{42}

Toutefois, si l'ascendant change entre 16 h 45 et 17 h 15, par exemple, il sera plus difficile d'établir avec certitude lequel est le bon. Ou encore, si beaucoup de planètes changent de maison, ça apportera une carte et une interprétation complètement différentes. Si vous n'avez pas l'information précise et que deux cartes sont possibles, vous pouvez analyser les cartes et choisir celle qui vous ressemble le plus. Le danger, c'est d'être facilement biaisé par votre ego, qui aimera peut-être vous imaginer d'une façon plutôt qu'une autre, sans être fidèle à la réalité.

Si j'ai été adopté ?

J'ai parfois des clients qui ont été adoptés et qui ne connaissent pas leur jour de naissance, ou encore, qui ne sont pas certains de leur mois de naissance. Malheureusement, dans ces situations, on ne peut pas faire grand-chose. Si c'est votre cas, prenez une belle grande respiration. C'est parfait, c'était prévu ainsi. C'est ce que votre âme venait explorer. Et je vous rappelle que pour moi, l'astrologie et la carte du ciel sont des outils de connaissance de soi. Dans cette optique, il existe plusieurs autres outils qui ne demandent pas de date de naissance, l'ennéagramme par exemple. Aussi, vous pourrez utiliser l'astrologie en suivant les saisons du zodiaque et les signes de la Lune, qui ont un impact sur tout le monde, que l'on connaisse sa date de naissance ou pas.

Et si on est jumeaux ?

Voilà une question que je reçois assez souvent ! Effectivement, dans la majorité des cas, des jumeaux auront une carte du ciel identique et, pourtant, ils sont bien différents ! Dans les cas que j'ai observés, j'ai remarqué que souvent, chaque jumeau prend un penchant d'une énergie et l'autre, son opposé. Chaque carte peut donc être interprétée différemment. C'est aussi pourquoi il existe plusieurs types d'astrologie et que chaque astrologue a sa propre spécialité, son intuition, sa manière d'analyser. Si vous voyez 12 astrologues différents, vous aurez probablement 12 interprétations différentes. Elles risquent de toutes fonctionner pour vous sur certains aspects. Je trouve toujours impressionnant de me faire lire ma carte du ciel par des personnes différentes : elles ne voient jamais les mêmes choses ! Et toutes ont raison et soulèvent de bons points.

Deux cartes identiques peuvent être racontées de tellement de façons différentes. C'est pourquoi à mon avis, même en ayant une carte identique, deux jumeaux demeurent uniques. Instinctivement, l'astrologue saura quels caractères un des jumeaux a pris et vice-versa. Selon mon expérience, du moins, c'est ainsi que cela s'est passé. Même devant la même carte, c'était des choses différentes qui me sautaient aux yeux pour chaque personne.

J'aurais tendance à dire que les jumeaux semblent tomber plus facilement dans les extrêmes de leurs énergies. C'est pourquoi on est souvent face à deux personnes aussi différentes. Un jumeau très actif, l'autre très passif. Un qui parle pour deux, l'autre qui ne dit pas un mot. Un qui a de l'ambition à revendre, l'autre qui se contente de ce qu'il a. Un qui a confiance, l'autre qui se remet toujours en question. Et ainsi de suite.

J'imagine que si les deux travaillent sur eux-mêmes, ils finiront par se ressembler davantage. Mais pour ça, il faudrait que tous les deux choisissent de faire de leur développement personnel et spirituel une priorité.

Et si on est né dans l'hémisphère Sud ?

Il faut savoir que pour un petit nombre d'astrologues, cela changera quelque chose, mais c'est une minorité, et ce sont ceux suivant encore les enseignements initiaux de Ptolémée, qui associe le Bélier au début officiel du printemps. La majorité des astrologues (et je m'inclus là-dedans) voient les signes astrologiques comme des symboles, des archétypes en quelque sorte, qui sont valables partout sur Terre, peu importe notre lieu de naissance. Un Bélier né en Inde pendant la saison des pluies, au Québec sous les dernières neiges ou au Maroc sous un soleil cuisant aura tout de même des qualités du Bélier. L'astrologie est le langage de l'univers : il est universel. On profite parfois des saisons pour décrire les signes (j'ai aussi été coupable de ça !).

Avec un pas de recul, on se rend vite compte que cela ne tient pas la route. Ça laisse une grosse partie de la population en dehors de ces interprétations, et pourtant, ces personnes sont autant témoins des énergies du zodiaque que celles qui sont sous les saisons du nord.

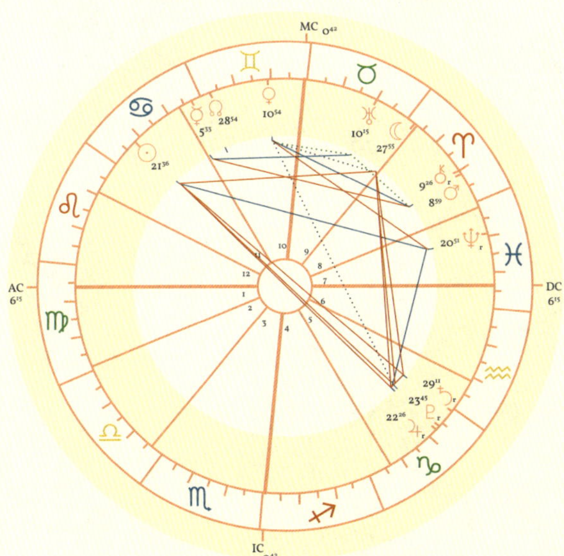

Saisons du zodiaque

Les saisons du zodiaque suivent le Soleil. Ce dernier met une année complète à traverser les 12 signes, restant en moyenne 30 jours par signe. Lorsque, par exemple, le Soleil est en Bélier du 21 mars au 19 avril, c'est ce qu'on appelle la saison du Bélier. Le signe sous lequel le Soleil se trouve influence tout le monde. Chaque saison apporte ses défis et ses opportunités, ses zones d'ombre et de lumière. Souvent, sans même qu'on s'en rende compte, les saisons du zodiaque viennent influencer nos envies, nos comportements, nos besoins.

Pour moi, c'est la première porte d'entrée de l'astrologie, puisque c'est celle qu'à peu près tout le monde connaît déjà. Le fameux signe du zodiaque auquel on s'associe est celui du Soleil, au moment de notre naissance. Si, par exemple, on est Capricorne, c'est que le Soleil était dans sa saison du Capricorne lors de notre naissance.

Il est magnifique de voir à quel point il est apaisant pour les gens d'entendre parler de leur signe (de Soleil) de manière plus approfondie et bienveillante, en se tenant loin des caricatures, des banalités et des fatalités des signes, comme c'est souvent le cas dans les colonnes d'astrologie des grands médias. En même temps, on ne peut leur en vouloir ; comment expliquer réellement un signe en quelques lignes ? Impossible, à mon avis.

Notez aussi que, parfois, les dates d'entrée et de sortie des saisons du zodiaque varient d'une journée d'une année à l'autre. C'est pourquoi vous verrez peut-être certaines différences d'un outil à l'autre. Ce phénomène est expliqué par le fait que les saisons du zodiaque durent 30 jours et l'année, 365 jours, ce qui donne un tout petit décalage.

Ère du zodiaque

Il faut différencier les saisons du zodiaque des **ères** du zodiaque. Vous entendez peut-être parler de l'ère du Verseau de temps en temps ? Ça devient de plus en plus à la mode parce que, selon les experts, soit on s'en approcherait, soit elle viendrait tout juste de commencer. Une ère de zodiaque dure 2 160 ans.

Je vais essayer d'expliquer le phénomène. Chaque année, nous avons droit à deux équinoxes (autour du 21 mars et du 21 septembre), qui sont les journées d'équilibre, là où il y a autant de jour que de nuit. L'équinoxe de printemps représente ce qu'on appelle le point vernal : c'est à partir de ce point que l'année du zodiaque démarre. On repart donc à 0°, dans le signe du Bélier.

Le problème, c'est que la Terre tourne autour du Soleil, mais aussi sur elle-même, ce qui cause un très léger décalage chaque année. Elle prend environ 20 minutes de retard par année. Additionnez ça, année après année… Ce retard fait que, dans la réalité, le point vernal change, se déplace. C'est ce qu'on appelle la précession des équinoxes. Si vous vous souvenez, c'est aussi ce qui cause le décalage entre les zodiaques tropical et sidéral, puisque le sidéral suit cette précision des équinoxes.

Tout ça pour dire qu'une ère du zodiaque débute lorsque le point vernal change de signe, ce qui se produit environ tous les 2 160 ans. On s'apprête, ou on vient tout juste le faire, à passer de l'ère du Poissons à l'ère du Verseau. Le seul petit problème : peu d'astrologues s'entendent sur la date exacte de ce changement d'ère, puisqu'il dépend du point de départ qu'on choisit et que l'univers n'est pas fixe.

Une bonne analogie consiste à considérer l'humain. À partir de quand peut-on déclarer qu'il fait partie de la société ? Certains diront que c'est dès sa conception ou à sa naissance Quelques-uns choisiront plutôt le baptême ou un autre rite symbolique de son entrée au monde. Et pour d'autres, ce sera quand l'humain sera une personne à part entière, qui prend parole et agit en société selon ses convictions, en y contribuant positivement ou négativement... donc pas avant un certain âge. Est-ce qu'une réponse est meilleure qu'une autre ? Elle est propre à chaque personne, selon son point de vue. Il en va de même pour le zodiaque !

On peut quand même dire qu'avec les changements qui apparaissent depuis les années 50 (lutte contre la ségrégation raciale, féminisme, mouvement hippie) et ceux qui sont plus près de nous (éveils spirituels, lutte antiracisme, prises de conscience environnementale), on semble s'approcher de l'ère du Verseau, qui est censée venir briser les liens avec notre « ancienne » société : remise en question de la hiérarchie et de l'autorité, coupures avec les valeurs traditionnelles et conventionnelles, prise de conscience d'une réalité spirituelle et ésotérique, refus de continuer à vivre selon de fausses valeurs, sans être authentique. Ce serait une période axée sur la pensée critique et bourrée de développements technologiques et scientifiques, de progrès et de liberté. On pourrait donc penser qu'on y entre, que ça commence.

Et Pluton, c'est une planète ou pas ?

Hé là là ! Je me fais toujours envoyer des articles qui disent que Pluton n'est plus une planète. Réglons ça une fois pour toutes. Du point de vue astronomique, Pluton est une planète naine. Elle ne fait donc plus officiellement partie du décompte des planètes de notre système solaire. Mais ça, c'est en astronomie. En astrologie, elle est et restera toujours une planète. Les astrologues ne suivent pas les indications de la NASA, mais bien des enseignements universels vieux de plusieurs millénaires. En plus, Pluton est franchement importante ! Autant pour son influence collective qu'individuelle. Elle symbolise la mort (au sens figuré) qui laisse place à la renaissance, à la transformation, à l'ombre, à la destruction de ce qui n'est pas au service de notre âme et de l'humain.

On est tellement plus que notre signe solaire

Les gens connaissent à peu près tous leur signe solaire et, malheureusement, s'arrêtent souvent à ça. C'est là où on fait également face aux grands clichés tels que « moi, je ne m'entends pas avec les Bélier », « moi, je suis Gémeaux, donc je ne pourrai jamais être avec un Capricorne », etc.

Une chose cruciale à comprendre est que dans une carte du ciel, le Soleil est un indicateur parmi tant d'autres. Oui, il est important. Mais il y a tellement plus que ça ! Un soleil en Lion sera complètement différent d'une personne à l'autre. Oui, elles se rejoindront sur plusieurs points, mais à moins d'avoir deux cartes du ciel identiques (et encore là… je vous en reparle plus loin !), elles seront différentes, très différentes. Un Lion ascendant Poissons avec une lune en Vierge sera très loin d'un Lion ascendant Sagittaire avec une lune en Gémeaux.

Je sais, quand on débute, ça ressemble un peu à du charabia, mais j'espère justement, avec ce livre, vous faire comprendre pas à pas les subtilités du zodiaque. En cours de rédaction, j'ai même réalisé qu'il faudrait deux livres pour faire une entrée en la matière à la fois simple et complète, en douceur, mais en profondeur. J'ai donc décidé, dans ce premier tome, d'établir les bases de l'astrologie et d'explorer la notion des quatre éléments, pour me concentrer dans le prochain tome sur ce qu'on appelle la grande trinité. C'est le trio Soleil-Lune-ascendant, le trio étoile du zodiaque ! Ces trois composantes viennent en grande partie décrire qui nous sommes et comment nous évoluons. Nous les aborderons brièvement à la fin de cet ouvrage, comme une petite mise en bouche avant le prochain tome, qui sera le grand plongeon dans ces notions.

Les quatre éléments sont, à mon avis, la meilleure façon de s'introduire à l'astrologie. On les oublie beaucoup trop souvent. Pourtant, ils ont tant à révéler, et le plus génial, c'est qu'ils sont plutôt simples à comprendre. L'astrologie est un vaste domaine et je pense qu'il vaut mieux prendre le temps de solidifier ses bases avant de se lancer dans des notions plus avancées. Il est tentant de se précipiter pour apprendre ce que sont les transits planétaires, les nœuds lunaires ou les astéroïdes. Mais à quoi ça sert si on ne maîtrise pas d'abord les secrets de base de notre carte ? Et vous allez voir, ces quatre éléments ont beaucoup à nous révéler.

Je vous préviens, l'astrologie est infinie. Lorsqu'on a la piqûre, on s'embarque généralement pour une vie d'apprentissages et d'approfondissements. Ici, c'est comme si je vous ouvrais la porte d'entrée à cette pratique. Si elle vous allume, soyez rassuré, vous aurez l'occasion d'en apprendre tellement plus ! Et si ce livre vous suffit, vous serez déjà bien outillé pour vous débarrasser des clichés sur le sujet, mieux vous comprendre et vous accepter. Vous et vos proches. Parce que c'est l'autre côté magique de l'astrologie. La compassion et la compréhension que l'on exerce envers nous-mêmes s'appliquent aussi aux autres !

Dans mon cas, l'astrologie m'a aidée à faire la paix avec certains proches de qui j'étais très différente et à arrêter de les juger parce qu'ils ne font pas les choses comme moi. Cette pratique aide à comprendre qu'aucune personne n'est meilleure qu'une autre. Nous fonctionnons tous simplement de manière unique. On comprend que personne n'est parfait, que chaque signe vient avec ses hautes et basses vibrations.

L'astrologie aide aussi à se rendre compte que quelqu'un qu'on aime ne va pas bien, et ça peut aussi être nous-mêmes ! En apprenant les basses vibrations des signes ou leur penchant « éteint », on arrive à détecter les signes avant-coureurs de l'autodestruction, à réaliser lorsqu'on s'enfonce dans les côtés sombres de notre énergie.

En comprenant mieux chaque énergie, cela nous aide aussi à savoir comment remonter la pente ou comment approcher les gens qui ont besoin d'aide. Par instinct, on veut aider comme on aurait besoin de l'être. Or, la majorité du temps, ce n'est pas du tout ce que les autres veulent. L'astrologie permet donc de se détacher de ses propres façons d'agir pour être présent pour ceux qu'on aime de la façon qui les aidera vraiment.

Signe lunaire collectif

Une autre belle façon de s'initier à l'astrologie de manière plus accessible qu'en analysant des cartes du ciel est de s'intéresser aux signes lunaires. Pas le vôtre ; celui-là, on va l'approfondir dans le deuxième tome et brièvement à la fin de ce livre. Je parle du signe sous lequel la Lune se trouve chaque jour.

Comme le Soleil, la Lune traverse les signes du zodiaque, et ce mouvement influence la planète entière. Vraiment. Même que, par expérience, c'est souvent ce qui convainc les astrosceptiques. La Lune change de signe tous les deux ou trois jours ; on remarque donc plutôt rapidement les changements en nous.

La Lune influence les marées, et comme nous sommes composés à 70 % d'eau, il est normal qu'elle ait un effet sur nous aussi, non ? Si vous êtes sceptique, je vous invite à faire l'exercice pour le prochain mois : notez le signe lunaire chaque jour et faites le suivi de votre humeur et de votre énergie pour cette journée. Vous allez vite remarquer que vos fluctuations suivent celles de la Lune.

Je sais que, par exemple, s'il y a une journée où je me sens particulièrement agressive, ce qui n'est pas du tout dans ma nature, avec moins de tolérance pour ce qui ne respecte pas mes valeurs et que je deviens soudainement plus vocale à ce sujet… c'est que la lune est en Bélier. Idem pour les journées où je suis extrêmement émotive, où tout me fait pleurer, où je sens une lourdeur généralisée… la lune est alors en Poissons.

Vous avez votre propre signe lunaire : le signe sous lequel la Lune était au moment exact de votre naissance. Généralement, les journées où la Lune est sous notre propre signe lunaire sont un peu plus douces, puisqu'on est en zone de confort. Mais nous sommes aussi fortement influencés par son voyage à travers les 11 autres signes. Je détaille ces influences du signe lunaire plus en profondeur dans *L'Agenda astrologique : transformer votre quotidien grâce aux astres*.

♈

BÉLIER

Les journées de lune en Bélier sont souvent explosives. On a tendance à réagir plus fort, plus rapidement, plus intensément. Ce sont aussi ce que j'appelle les journées de guerrière, où, soudainement, on ose plus que d'habitude prendre la parole sur ce qui nous tient à cœur ou encore, on ne laisse pas passer quelque chose sous silence. On peut être plus susceptible ou ressentir l'envie intense de mettre les autres face à leurs mensonges, individuels ou collectifs. L'envie de dire la vérité peut se faire ressentir plus profondément que d'habitude. Dans vos relations : vous risquez de mettre des limites plus claires, d'en tolérer moins qu'en temps normal.

Phrase-clé pour cette période :

Vérité activée

♉

TAUREAU

Les journées de lune en Taureau sont douces, sont lentes. Elles nous appellent souvent à ralentir, à nous laisser davantage le temps. On risque de se sentir plus brusqué que d'habitude, et si on n'accepte pas le ralentissement nécessaire, l'anxiété peut faire surface, tout comme l'impression d'en avoir trop sur les épaules, que la vie va trop vite et qu'on n'a jamais le temps. Le mot d'ordre ? Ramenez-vous dans votre corps, dans son intelligence, dans ses ressentis qui vous donnent 1001 indices sur comment vous allez réellement. Ralentissez, laissez-vous le temps et l'espace d'être à l'écoute de vos besoins et de prendre soin de vous.

Phrase-clé pour cette période :

Douce lenteur et intelligence du corps

♊

GÉMEAUX

Les journées de lune en Gémeaux sont merveilleuses pour la communication. Profitez-en pour y inclure vos rencontres importantes, vos conférences, vos entrevues, vos présentations, etc. ; bref, tout ce qui vous demande l'intelligence des mots et une communication efficace. Les Gémeaux qui sont dans les hautes vibrations de leur signe font le pont entre notre monde et le monde invisible (les cieux, les astres, l'univers — appelez-le comme vous le voulez). Le Gémeaux a l'esprit vif, il est donc important d'inclure des pratiques de méditation et des activités qui vous invitent au calme dans ces journées pour éviter l'hyperactivité mentale (qui peut mener à l'anxiété, gros problème de Gémeaux).

Phrase-clé pour cette période :

Mots inspirants

♋

CANCER

Les journées de lune en Cancer sont les journées « naturelles ». Après tout, le Cancer est gouverné par la Lune, elle se trouve donc sous son propre signe. Si vous vous demandez ce que ça veut dire, c'est que chaque signe astrologique est gouverné par un astre : le Bélier, par Mars ; le Taureau, par Vénus ; le Gémeaux par Mercure ; etc. Pour le Cancer, c'est la Lune. C'est donc le signe astrologique le plus naturel pour la Lune, c'est vraiment comme si elle était chez elle. Le Cancer est le signe de l'émotion et de l'intelligence émotionnelle. Pour notre société encore très cartésienne, les lunes en Cancer peuvent être difficiles, parce qu'elles nous poussent dans nos émotions. Si ce n'est pas naturel chez vous, ça risque d'être quelque peu inconfortable. Mais faites confiance à la Lune, faites confiance à vos émotions. C'est ce qui vous ramènera dans votre cœur et votre intuition, deux alliés des plus précieux. Laissez vos émotions vous guider : qu'est-ce qui fait du bien ? Qu'est-ce qui est douloureux ? Qu'est-ce qui est énergisant ? Drainant ?

Phrase-clé pour cette période :

Émotions comme guides

♌

LION

Les lunes en Lion peuvent apporter un côté très théâtral, exagéré, *drama queen* à nos émotions, ce qu'on voudra surveiller. Mais ce sont aussi les journées pour briller davantage, oser, prendre un peu plus de place, et ainsi profiter du courage de ce signe et de sa lumière sans limites. Lors de ces journées, j'aime mettre à l'horaire mes conférences, mes appels importants, mes entrevues ou les moments où je dois prendre la parole, apparaître en public, dégager beaucoup de lumière. Ce sont de belles journées pour jouer, pour laisser notre cœur d'enfant prendre toute la place, pour rire beaucoup et pour se faire plaisir. C'est d'ailleurs ce qui nous aide à nous éloigner du côté théâtral du Lion.

Phrase-clé pour cette période :

Moment de briller

♍

VIERGE

Le danger des lunes en Vierge est qu'on s'empêche de vivre nos émotions parce qu'on a 1001 autres choses à faire, qui ont toutes priorité sur nos émotions. Naturellement, ce ne sont pas les journées où l'on va vraiment se permettre de vivre ce qu'on a à vivre. Profitez des lunes en Vierge pour ritualiser le plus possible votre quotidien, pour transformer vos gestes anodins en petits moments juste pour vous. Additionnés, ces moments feront en sorte que même si vos journées sont occupées, vous aurez réussi à vous accorder du temps et à prendre soin de vous. Attention à la critique interne ! Les lunes en Vierge ont tendance à nous inciter à beaucoup nous juger. Ce sont de belles journées pour prendre le temps d'écrire sur toutes vos belles qualités et vos succès.

Phrase-clé pour cette période :

Rituels d'amour-propre

♎

BALANCE

Les lunes en Balance nous poussent vers l'harmonie, et souvent, l'harmonie à tout prix. Au contraire du Bélier, la Balance n'osera pas dire la vérité si elle croit qu'il pourrait y avoir le moindre impact négatif. Faites donc attention de ne pas négliger vos besoins et prendre trop sur vous durant ces journées. Ce que cette lune nous amène de beau, c'est que, si on passe par-dessus le « à tout prix » de l'harmonie, cette énergie nous permet d'harmoniser nos énergies intérieures, nos relations, nos environnements, nos équipes de travail, notre famille, etc. Profitez de l'énergie de paix et de douceur que la Balance apporte pour oser avoir des conversations plus difficiles, dire la vérité avec énormément d'amour et aider vos proches à se sortir de « leur » vision des choses, à avoir davantage d'empathie.

Phrase-clé pour cette période :

Paix et harmonie

♏

SCORPION

Les lunes en Scorpion sont des moments fabuleux pour l'introspection, le temps en solitaire, pour aller au fond des choses, pour réellement comprendre ce qui se passe à l'intérieur de nous. Ce sont des journées où l'on voudra favoriser le temps en solo ou encore, les relations très intimes. Ne vous forcez pas à sortir avec de grands groupes, à socialiser ou à vous rendre à des soirées de réseautage. Vous risquez de ne vouloir interagir avec personne. Rentrez à la maison, voyez les quelques personnes avec qui vous vous permettez d'être vulnérable, sortez vos journaux intimes et plongez au fond de vous-même.

Phrase-clé pour cette période :

Plongeon en soi

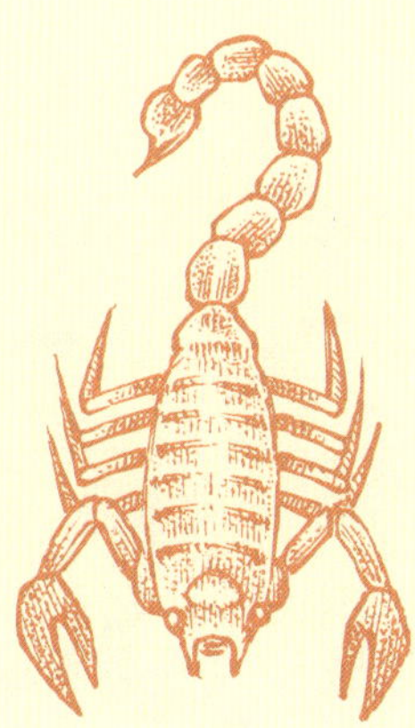

♐

SAGITTAIRE

Le petit problème des lunes en Sagittaire, c'est qu'elles nous font agir sans penser aux conséquences. Elles nous apportent une énergie très libre, très *YOLO* (*you only live once* — on ne vit qu'une fois), où l'on suit l'envie du moment présent, même si ce n'est pas nécessairement ce qu'on devrait faire. Assurez-vous de ne pas vous laisser emporter par le côté « au diable les conséquences ! » de cette lune (ou du moins, soyez-en conscient) et profitez du fait que cette énergie nous invite à incarner notre vérité, à être le plus authentique possible et à laisser parler notre cœur. Le Bélier dit sa vérité. Le Sagittaire, lui, l'incarne.

Phrase-clé pour cette période :

Incarnation de sa vérité

♑

CAPRICORNE

Oh que cette lune n'est pas facile ! Généralement, ce sont des journées où l'on se ferme complètement à nos émotions. Le Capricorne déteste être vulnérable ; pour lui, c'est signe de faiblesse. Ce qu'il y a de très positif ? Ce sont les journées où notre efficacité est à son plus haut. C'est le temps de cocher des éléments de votre liste de choses à faire, de travailler à réaliser vos rêves, d'être dans l'action, dans le « faire ». C'est aussi un bon moment pour entamer une réflexion sur votre intégrité, thème très important pour le Capricorne. Vos actions respectent-elles vos valeurs ? De manière générale, les journées de lune en Capricorne, on se sent plus agacé que d'habitude par les choses qui ne nous semblent pas intègres. C'est le temps d'agir, oui, mais aussi d'être vrai.

Phrase-clé pour cette période :

Accomplissement intègre

VERSEAU

La lune en Verseau n'est pas non plus une lune où l'on va facilement dans nos émotions : le Verseau est le signe le plus détaché de tous. Par contre, c'est une super lune de vision, d'imagination, de changement. Ce sont des lunes électriques, où les nouvelles idées peuvent faire surface, où l'on a envie de changer nos vieilles façons de faire, où l'on pense davantage à l'ensemble de la communauté, et moins à nos ego. Profitez-en pour ouvrir vos horizons intellectuels et permettez-vous de jouer avec vos idées, vos pensées et vos possibilités.

Phrase-clé pour cette période :

Électricité dans les idées

♓

POISSONS

C'est la lune des émotions collectives. Pour les gens sensibles, ces lunes peuvent être difficiles, parce qu'elles font ressentir plus facilement la douleur collective, c'est-à-dire qu'on prend alors la douleur du monde sur nos épaules. C'est une lune pour élever nos vibrations, pour se laisser habiter de l'énergie de la compassion et de l'amour du Poissons. C'est la meilleure lune pour tout ce qui est dons psychiques, médiumnité, mystique et ésotérisme. Profitez-en pour pratiquer l'introspection et pour vous connecter davantage à vos émotions. C'est aussi là où les contacts avec le monde invisible sont les plus faciles et où les rêves sont les plus intenses.

Phrase-clé pour cette période :

Lune magique

Commencer par la base

Avant qu'on se lance dans les énergies du zodiaque et le vif du sujet, je veux juste prendre un moment pour vous dire, avec amour, de gérer vos ardeurs. Je me répète, mais c'est vraiment important. L'astrologie est un sujet passionnant, et dès qu'on commence à observer sa carte, on veut tout savoir ! Je sais, je passe mon temps à rappeler à mes élèves de rester dans le moment présent. Lorsqu'on apprend les énergies du zodiaque, ils me bombardent de questions du genre « telle configuration dans ma carte veut dire quoi ? », « mon nœud nord est en Scorpion, ça veut dire quoi ? », « Saturne fait une ligne rouge avec Neptune, ça veut dire quoi ? » Woh, woh, woh ! On n'apprend pas à courir avant de marcher.

Donc, même si les notions peuvent vous paraître « de base », prenez le temps de les absorber. Elles sont tellement importantes et constituent justement la solide fondation d'une bonne pratique de l'astrologie. Chaque chose en son temps.

Prêt ? Commençons avec la base !

Mc
As
WITH THE INFINITE
COMPOSITE FAMILY.

Les quatre éléments

Bienvenue dans la base de la base de l'astrologie : les quatre éléments. Pour les repérer sur votre carte du ciel, il s'agit de ce tableau à droite de la carte du ciel :

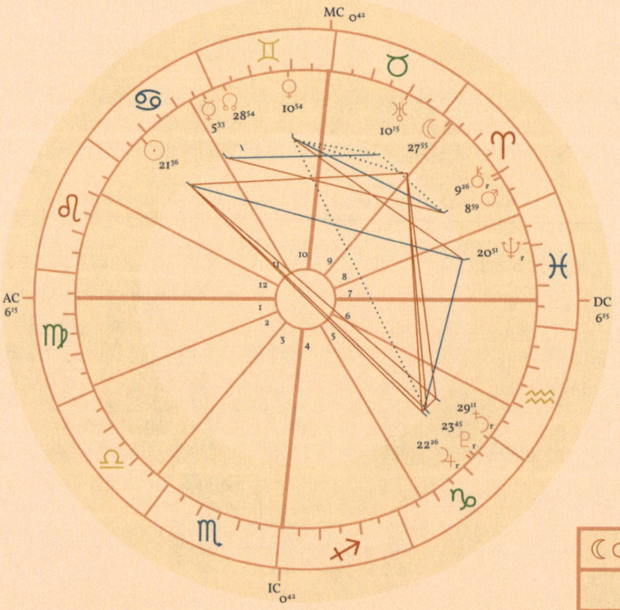

☾♂⚷		
		♀☊ MC
♃♄♇	♅	AC
☉☿		♆

Avant d'analyser le tout, nous allons simplement faire votre décompte. Dans ce tableau, il y a quatre symboles dont nous ne tiendrons pas compte parce que, à proprement dit, ce ne sont pas des planètes. Ça ne veut pas dire qu'ils ne sont pas importants dans une carte, mais simplement qu'on ne les compte pas pour les éléments.

Petit rappel: en astrologie, on compte la Lune et le Soleil comme des planètes. Aussi, le « nœud moyen » est exactement la même chose que le « nœud nord ». On utilise plus souvent nœud nord, mais sur astro.com, ils l'appellent nœud moyen, je vais donc utiliser cette appellation pour simplifier les choses.

Vous aurez donc un total de 10 planètes: Soleil, Lune, Mercure, Vénus, Mars, Jupiter, Saturne, Uranus, Neptune, Pluton.

Les quatre éléments

☾ ♂ ⚷		
		♀ ☊ MC
♃ ♄ ♇	♅	AC
☉ ☿		♆

Ces planètes seront réparties sous quatre éléments : eau, feu, air et terre. Vous les reconnaîtrez facilement selon la couleur :

Feu ⟷ rouge

Air ⟷ jaune

Terre ⟷ vert

Eau ⟷ bleu

Ou encore, ils seront indiqués par une lettre à gauche du tableau (F, A, T, E). Notez le jeu de mots intéressant et totalement au hasard de l'ordre des lettres, qui veut dire « destin », en anglais (*fate*).

Comment détermine-t-on les éléments ?

Chaque signe est associé à un élément.

Feu	↔	Bélier, Lion, Sagittaire
Air	↔	Gémeaux, Balance, Verseau
Terre	↔	Taureau, Vierge, Capricorne
Eau	↔	Cancer, Scorpion, Poissons

En observant sous quel signe une planète tombe, on a donc accès à son élément. Et chaque élément nous apporte sa propre énergie, ses propres leçons et défis. Pour moi, c'est vraiment la porte d'entrée de l'astrologie parce que c'est hyper simple : on a seulement à analyser quatre choses, contrairement à une carte du ciel complète qui demande des années et des années de pratique pour pouvoir l'interpréter complètement. Et même là… c'est vraiment le travail d'une vie !

Évidemment, analyser uniquement vos éléments ne se comparera pas à une analyse de carte du ciel, mais c'est quand même bien. Juste avec ces quatre petites choses, vous pouvez en apprendre (et comprendre !) beaucoup sur vous-même.

Comment comprendre ses éléments

Que fait-on avec ces informations ? Ça va sembler un peu contre-intuitif au début, mais faites-moi confiance, ça va bien aller. Faisons le décompte des icônes que vous avez dans les mêmes éléments. Vous devriez arriver à un total de 10. Si vous en avez plus que ça, assurez-vous de ne pas tenir compte de Chiron, du nœud moyen, de l'ascendant (ASC) et du milieu du ciel (MC).

1 planète :	élément manquant
2-3 planètes :	élément faible
4 planètes :	élément naturellement équilibré
5 planètes et plus :	élément dominant

Dans un monde idéal, on vise à se rapprocher de l'équilibre entre nos éléments, afin qu'il n'y en ait pas un qui prenne plus de place que les autres ni un qui soit complètement négligé. La vie fluctue et est remplie de « saisons » (pas celles de la nature, mais les saisons en nous, les étapes, les périodes marquées par des épreuves ou des joies) : nos éléments ne seront donc jamais tout à fait pareils. On peut vivre une période où le feu domine tout le reste, une autre où c'est l'eau, etc., et ce, peu importe la configuration de nos propres éléments.

Cette configuration est un superbe indicateur de base pour nous montrer la tendance qu'adopteront nos éléments et nous donne de merveilleuses pistes d'observation de soi, de surveillance personnelle en quelque sorte, pour savoir quelles seront nos tendances générales. Mais elle n'est pas une finalité en soi.

Les éléments nous offrent la capacité de nous observer nous-mêmes pour réaliser s'il y a un déséquilibre quelque part. Idéalement, on vise à s'approcher d'un équilibre pour ainsi arrêter de passer d'un extrême à l'autre et vivre davantage de douces fluctuations. Les extrêmes sont tellement épuisants ! Et c'est ce qui nous pousse vers l'autodestruction, le sabotage et les basses vibrations d'une énergie. Les fluctuations existeront toujours — l'équilibre parfait est impossible —, mais on peut quand même les calmer. Ces outils d'observation nous aident aussi à nous assurer que chaque élément a sa place dans notre quotidien. C'est inévitable : nous avons besoin des quatre éléments. Aucun n'est meilleur ou plus important qu'un autre, ils sont tous essentiels. Nous voulons donc éviter qu'un élément domine les autres ou qu'un autre soit négligé parce qu'il est moins naturel chez nous.

Votre carte du ciel va vous dire une chose, mais le plus grand indicateur, c'est vous-même. Mes élèves me posent toujours des questions du genre : « Oui, mais si c'est mon élément manquant et que pourtant je le sens équilibré chez moi, c'est normal ? C'est possible ? » Mais oui ! Tout est possible. Cela dépend de la saison personnelle dans laquelle vous vous trouvez, de votre évolution personnelle.

Notre carte du ciel ne nous condamne pas. Avec les éléments, elle nous donne des indices sur ce qui risque de demander un peu plus de travail, ce qui sera probablement à surveiller davantage, etc. Mais nous sommes maîtres de notre vie ! Et la vie change constamment. Vous aurez des périodes où vos quatre éléments vous sembleront en harmonie, d'autres où il y en aura un qui prendra toute la place et encore d'autres où il y en aura un qui sera vraiment négligé, sans compter toutes les autres possibilités. C'est 100 % normal.

Bref, comprendre ce que les éléments représentent permet de « s'autodiagnostiquer » et de savoir quoi faire pour se rapprocher le plus possible de l'équilibre. Ne visez pas l'équilibre parfait, il n'existe pas.

Élément équilibré (2-3 planètes)

Commençons par le plus simple: un élément équilibré. Il faut comprendre une nuance importante: cela veut dire qu'il est plus naturellement en état d'équilibre. C'est donc un élément sur lequel, normalement, on a moins à se concentrer et qui nécessite moins d'efforts. Toutefois, ça ne veut pas dire qu'il sera équilibré toute notre vie, en tout temps. La vie est faite de cycles, de saisons, d'apprentissages, d'épreuves. Nos éléments fluctuent tout le temps, comme nous. Avoir deux ou trois planètes sous le même élément veut simplement dire que, la plupart du temps, ce ne sera pas celui qui nous donnera le plus de fil à retordre. Mais observez-le, observez-vous quand même.

Élément fort (4 planètes)

Vient ensuite l'élément fort. Selon moi, il est relativement équilibré la plupart du temps, il a juste tendance à prendre un petit peu plus de place « que nécessaire ». L'élément fort est généralement facile, inné. Mais justement, si on ne le surveille pas, il peut tomber en déséquilibre et même pencher vers un extrême, prendre trop de place et nous mener dans les basses vibrations.

Élément faible (1 planète)

L'élément faible n'est pas nécessairement problématique. Il est opposé à l'élément fort dans le sens où lui aussi est généralement relativement équilibré. Mais au contraire du fort, qui a tendance à prendre trop de place, le faible a tendance à s'effacer. C'est celui qu'on tend à négliger le plus. Vous allez voir, souvent, on se concentre sur l'élément manquant ou dominant, et ceux qui sont équilibrés et forts prennent naturellement leur place. Ça en laisse peu pour l'élément faible. En fait, il peut facilement se faire mettre de côté.

C'est là où, pour moi, il prend toute son importance. C'est celui qu'on ignorera le plus facilement, alors qu'il a besoin d'autant de place que les autres.

Élément dominant (5 planètes ou plus) et élément manquant (0 planète)

Ici, on arrive dans la partie qui peut être un peu mélangeante. L'élément dominant et l'élément manquant correspondent à la notion de tout ou rien. Ou bien c'est naturellement inné chez nous, ou bien, au contraire, ce n'est pas du tout instinctif. Alors comment le sait-on? On se questionne, on s'observe, bien sûr!

Voici la façon dont je l'explique: c'est comme si l'univers (ou la force en laquelle vous croyez, ou encore plus simplement, votre âme) avait tout mis en place pour que vous travailliez exactement ce pour quoi vous êtes ici. Parfois, ce sera un élément manquant: «Josée-Anne a vraiment besoin de travailler ses communications, alors on va lui mettre zéro planète en air; ainsi, elle sera forcée de le faire.» D'autres fois, ce sera un élément dominant: «Josée-Anne a vraiment besoin de travailler ses communications, alors on va lui mettre six planètes en air; ainsi, elle n'aura pas le choix.»

Là où ça devient mélangeant, c'est qu'on peut aussi recevoir des cadeaux. Exactement dans le même esprit, l'univers pourrait dire: «Les communications sont tellement innées chez Josée-Anne, ça fait tellement partie d'elle, qu'on n'a même pas besoin de lui mettre une seule planète en air.» Dans ce cas-ci, mon élément manquant serait l'air, sauf que ce serait l'élément le plus facile et naturellement présent chez moi.

On peut recevoir le même cadeau avec un élément dominant: «Les communications sont tellement innées chez Josée-Anne, ça fait tellement partie d'elle, qu'on va lui faire le cadeau de six planètes en air.» Dans ce cas-ci, mon élément dominant serait vraiment inné et facile pour moi.

Alors, comment le sait-on ? Les éléments manquants ou dominants correspondent à tout ou rien. Vous allez facilement savoir dans quelle catégorie vous tombez. Ou bien ce sera vraiment facile pour vous et ça fera partie de ce que vous êtes, ou bien, au contraire, ça fera partie de vos défis, de vos inconforts et ça vous demandera beaucoup de travail. Par exemple, une personne qui a six planètes en terre pourrait être complètement désorganisée (défi), ou encore, une personne pourrait n'avoir aucune planète en feu, mais adorer l'attention et posséder toutes les qualités de cet élément (facilité). Faites-vous confiance : vous allez le savoir !

Ces deux extrêmes viennent aussi souvent ensemble, puisque si on a un élément manquant (0 planète), ça veut dire que les 10 planètes se sépareront en trois éléments seulement ; il y a donc de fortes chances qu'on se retrouve avec un élément dominant. Et vice-versa : si on a un élément dominant (disons 6 planètes), ça veut dire que les trois autres éléments se sépareront les quatre planètes restantes.

On dit parfois que c'est l'élément manquant le plus important, mais pour avoir observé beaucoup de cartes avec des éléments dominants qui avaient de grandes répercussions dans la vie des gens, j'ai décidé de les mettre dans la même catégorie du point de vue de l'importance. Et comme les deux possèdent un aspect « tout ou rien », il était plus simple, à mon avis, de les regrouper.

Il se peut aussi que vous ayez un élément dominant, mais pas de manquant, et vice-versa. C'est tout à fait possible ! C'est d'ailleurs mon cas, j'ai un élément manquant, mais pas de dominant.

Et si je n'ai aucun élément dominant ou manquant ?

C'est tout à fait possible. On peut avoir une division des éléments du genre 2-3-2-3 ; on aurait alors nos quatre éléments naturellement équilibrés. Ou encore, avoir des éléments faibles et forts, mais pas de dominant ou de manquant (1-2-3-4). Prenez quand même le temps de bien y réfléchir. Sans que ce soit inscrit officiellement dans votre carte, il se peut que vous soyez dans une période de votre vie où vous sentez que vous avez un élément manquant ou dominant.

Tout est possible

Je ne vous donnerai pas de méthode magique ni de règles. Tout est possible avec vos éléments : tant dans les combinaisons qu'ils forment que dans les façons dont ils se révèlent chez vous. Posez-vous des questions, observez-vous, analysez vos comportements. C'est ainsi, et seulement ainsi, que vous pourrez trouver quels éléments sont en équilibre ou en déséquilibre chez vous, en ce moment, dans votre vie. Je vous ai donné des indicateurs, des pistes, mais maintenant, à vous de faire le travail !

Paires naturelles

Il existe des paires naturelles entre les éléments : l'air et le feu, la terre et l'eau. Encore une fois, ce n'est pas une formule magique qui fait qu'automatiquement, si vous avez un, l'autre sera facile. Mais, généralement, ces deux éléments se nourrissent l'un l'autre. Donc si, par exemple, vous avez beaucoup de feu et sentez que l'air est à travailler, ce sera plus facile que si toutes vos autres planètes étaient en eau et en terre.

Si un élément vous semble trop difficile à explorer pour le moment, vous pourriez aussi choisir d'aborder l'autre partie de sa paire, ce qui viendra naturellement le nourrir lui aussi. La plupart du temps, si vous avez du feu, l'air vous semblera relativement naturel (et vice-versa). Idem pour la terre et l'eau.

Paires opposées

Les paires opposées sont tellement importantes ! Elles sont moins faciles, c'est certain. L'eau et le feu, la terre et l'air. Elles nous donnent souvent l'impression que deux personnes cohabitent en nous et se disputent pour avoir notre attention. J'ai remarqué que, souvent, les gens ont les paires opposées dans leur carte, plutôt que les paires naturelles. C'est parce qu'elles sont la clé de l'équilibre !

Mais, cet équilibre n'est pas le plus simple à atteindre. Tant qu'on ne comprend pas comment faire cohabiter ces énergies, elles ont tendance à être dans les extrêmes: toute une ou toute l'autre. C'est dans une telle situation que, par exemple, quelqu'un ayant une paire d'eau et de feu, sera ou bien hyper énergique, motivé, passionné, combatif, intense... ou bien hypersensible, émotif, solitaire, introspectif, avec un grand besoin de douceur et de confort. Et cela, en alternance, tout le temps ! Il naviguera d'un élément à l'autre, et ce, parfois même à l'intérieur d'une journée. Ça devient vraiment épuisant.

Lorsqu'on apprend à calmer cet extrême, quel soulagement ! Cet apaisement vient alléger les tensions présentes dans notre carte et apporte une grande paix intérieure. La clé, c'est de comprendre qu'on a besoin d'un élément autant que de l'autre. Souvent, on va avoir tendance à juger le côté de nous qu'on aime le moins, à vouloir s'empêcher de plonger dans cette énergie et à s'en vouloir lorsqu'on le fait. Alors qu'il le faut !

Aucune énergie, aucun élément n'est plus important qu'un autre. Il n'y a pas de hiérarchie. Il nous les faut tous, idéalement à parts égales. Ils sont tous des vedettes, à leur façon. Apprendre à comprendre ces énergies nous permet de les accepter en nous et de leur laisser l'espace nécessaire pour se révéler, pour prendre leur place et devenir sains, pour les ramener dans les hautes vibrations.

Parce que oui, chaque élément a ses hautes et basses vibrations, comme les signes. Et dès qu'on s'approche d'un extrême, on verse dans ce qu'on appelle l'exaltation. L'exaltation survient lorsqu'une énergie se met à prendre trop de place, à s'enflammer en quelque sorte. Elle commence à nous mener dans la destruction et, généralement, directement dans les basses vibrations. C'est pourquoi aimer ses paires opposées est aussi important. Cela nous permet de quitter les extrêmes et de révéler en nous les qualités des hautes vibrations de chaque élément, plutôt que les basses.

Hautes et basses vibrations

Vous allez voir, je parle beaucoup de hautes et de basses vibrations. Je préfère ces termes pour expliquer les côtés « positifs et négatifs » de chaque élément, de chaque énergie. Parler d'énergie positive, ou de belle énergie, et, à l'opposé, d'énergie négative ou laide, est teinté de trop de jugement. Or, on le sait : les expériences difficiles sont essentielles à notre développement. Les moments où l'on est vraiment dans notre ego nous aident à ne pas y retourner. Les moments où l'on plonge dans notre ombre nous permettent d'en ressortir dans la lumière. Tout ça pour dire qu'il ne faut pas se juger quand on tombe dans les basses vibrations d'une énergie : c'est normal et sain, ça fait partie du parcours.

Les hautes vibrations d'un élément (ou d'une énergie ou d'un signe) correspondent, très simplement, à ses côtés lumineux, élevés, conscients, positifs, vertueux, évolués.

Les basses vibrations correspondent donc à leurs contraires : les côtés sombres, difficiles, dans l'ego, négatifs, vicieux, pris sur place.

Les basses vibrations font partie du parcours qui nous amène dans les hautes vibrations.

Élément exalté

Lorsqu'un élément est exalté, c'est comme s'il prenait trop de place, ce qui le pousse généralement à basculer beaucoup plus facilement dans les basses vibrations. Ça ne veut pas dire que la personne prendra trop de place — une personne de terre ou d'eau exaltée restera toute discrète.

Voyez-le comme une balance à quatre côtés, lesquels symbolisent nos quatre éléments. Dans les hautes vibrations, la balance reste en équilibre, parce que les vibrations s'élèvent, sont plus « légères » si on veut, ce qui contribue à garder un équilibre. Par contre, quand un élément devient exalté, cette énergie devient plus dense, plus lourde. En prenant trop de place, cet élément devient lourd (voyez la balance qui descend) et rompt l'équilibre. Pour simplifier les choses, dans ce livre, l'élément aux basses vibrations et l'élément exalté seront dans la même section.

Élément éteint

Un élément éteint, au contraire, est présent lorsque cette énergie n'est pas activée en nous. Là où ça peut devenir mélangeant, c'est qu'un élément éteint peut ressembler à un autre qui est exalté. Par exemple, un feu éteint pourrait ressembler à une eau exaltée. Les caractéristiques peuvent se rejoindre et se croiser. Alors, comment le savoir ?

Déjà, ils viennent souvent en paire. Effectivement, un feu exalté aura tendance à éteindre l'eau, et vice-versa. Voyez-le comme la nature : un milieu enflammé laisse peu d'espace pour accueillir l'eau et un milieu humide permet très difficilement au feu de prendre sa place. Mon analogie naturelle fonctionne moins bien pour la paire opposée air-terre, mais le principe est le même.

Les quatre éléments

Il n'y a que quatre éléments, alors souvent, lorsqu'un devient exalté, il aura tendance à éteindre son opposé. C'est un phénomène qu'on observe en fait très régulièrement.

Si vous croyez n'avoir qu'un seul côté de la paire, sans son opposé, voici mon petit truc pour vous aider à les différencier. Lorsque l'élément est éteint, une personne avec l'élément en question qui tend vers l'exaltation aura tendance à vous taper sur les nerfs :

- Un feu éteint aura le dédain des personnes qui prennent beaucoup de place, parlent fort, ont beaucoup d'énergie, sont très vocales face à leurs convictions.

- Un air éteint aura tendance à jalouser les personnes très sociables, charmantes, à l'aise avec les gens et les mots, qui disent toujours la bonne chose au bon moment.

- Une terre éteinte aura tendance à juger les gens structurés, organisés, responsables, et à les percevoir comme étant ennuyeux, inintéressants et « beiges ».

- Une eau éteinte aura tendance à avoir horreur des gens hypersensibles, des moments émotifs, des partages vulnérables, des conversations intimes.

Ces exemples versent bien entendu dans le cliché, mais vous comprenez le principe.

Au contraire, une énergie exaltée ne sera pas énervée par les traits caractéristiques de son élément. Certes, avec l'exaltation, elle se verra confrontée à ses côtés irritants, mais reste qu'elle se reconnaîtra dans son élément et ne lèvera pas les yeux au ciel quand on lui parle de ses traits distinctifs.

Feu

Vitalité

feu intérieur - énergie - esprit

Signes : Bélier, Lion, Sagittaire

Chakra : Manipura (troisième chakra)

Hautes vibrations : courage, leadership positif, passion, générosité, appétit de vivre, humour, liberté, justice, authenticité, créativité

Basses vibrations : excès, autodestruction, égocentrisme, égoïsme, dureté, colère, agressivité, jugement, leadership négatif

Le feu est selon moi l'élément qui est le plus stéréotypé. Dès qu'on pense à cet élément, on l'associe à la passion, à la colère, à la fougue, à l'agressivité. Oui, mais… c'est tellement plus que ça !

On voit souvent le feu comme l'élément destructeur, comme le feu qui ravage tout, sur des kilomètres et kilomètres. Je dirais que tous les éléments ont des potentiels destructeurs, comme dans la nature. Il suffit de penser aux tremblements de terre, aux tsunamis et aux tornades. En astrologie, le feu est celui qui détruit de manière, disons, plus intense. Après tout, c'est justement l'élément de l'intensité — il n'y a pas tellement de demi-mesures avec le feu. Cela fait que lorsqu'une personne tombe dans les basses vibrations de cet élément, ses comportements autodestructeurs peuvent devenir dangereux, pour elle-même autant que pour les autres.

La bonne nouvelle : cette destruction permet, lorsqu'on en fait le choix, une véritable renaissance. Les histoires de gens qui semblaient au fond du gouffre et qui décident de changer leur vie positivement ? Bel exemple de feu. En exaltation, le feu pousse à l'excès dans tellement de sphères : drogue, alcool, mode de vie, dépenses, sexe, nourriture, exercice, adrénaline, vitesse... Les gens qui ont beaucoup de feu en basses vibrations deviennent donc souvent leur pire ennemi et parfois le genre de personnes pour qui on se demande: « Mais comment est-elle encore en vie ? » Encore une fois, je pousse à l'extrême, mais les extrêmes aident à saisir plus facilement les propos et les concepts.

Le feu amène le souffle de création, l'élan nécessaire pour faire passer nos idées de l'imaginaire à la réalité. La terre aussi apporte ce côté, mais de manière très concrète, logique, rationnelle. Dans mon ordre des choses, l'air a l'idée, l'eau vérifie si c'est en accord avec le cœur, le feu a le courage de la concrétiser et la terre vient définir le plan à long terme pour que ça se passe vraiment. Le feu, c'est l'élément de la créativité brute, à l'état pur et sous toutes ses formes.

Savez-vous quel est le cadeau du feu qu'on néglige, qu'on oublie le plus ? Le plaisir ! C'est l'élément qui nous invite à profiter de la vie, à rire, à nous émerveiller, à plaisanter, à ne pas nous prendre au sérieux, à nous gâter, à nous rassembler entre amis, à passer de beaux moments... à VIVRE. En majuscules, oui. C'est l'élément qui s'assure qu'on vit pleinement, qu'on n'arrivera pas sur notre lit de mort avec 1001 regrets.

Une autre analogie que j'aime bien est celle de la vie humaine. L'eau serait les neuf mois dans le ventre de notre mère : c'est flou, empreint de mystère et de mystique. L'air vient ensuite, de notre premier souffle jusqu'à la fin de notre parcours scolaire : il gouverne notre apprentissage et notre intellect. Vient ensuite la terre, qui concorderait avec toute notre carrière. Puis, finalement, le feu serait notre retraite : ce moment où on n'a plus de responsabilités et où l'on peut simplement récolter les fruits de ce que l'on a semé tout au long de notre vie.

Avec le feu vient donc ce côté bien insouciant. Même si dans la métaphore de la vie on associe le feu à la retraite, dans le concret, je l'associe beaucoup plus à un enfant. Le feu est l'élément qui nous garde connectés à notre cœur d'enfant. C'est ce qui nous permet de continuer à nous émerveiller devant les cadeaux de la vie, à voir toute la magie de cette dernière, à rester jeunes de cœur.

Ça vient avec beaucoup d'intensité, évidemment. Pensez à un enfant de trois ans, à quel point il peut réagir fort à des choses qui nous semblent tellement banales à nous, les adultes. Quel parent n'a pas été face à un enfant qui pleure comme si on lui avait arraché le cœur parce qu'on ne lui a pas donné la bonne assiette ?

On a tous les qualités de nos défauts, et vice-versa. Ma mère a toujours dit ça. C'est bien vrai et l'astrologie n'y échappe pas. À chaque cadeau son défi. À chaque équilibre son extrême. À chaque haute vibration sa basse vibration.

Le feu est également un élément extrêmement courageux. La haute vibration du feu, lorsque cet élément est bien présent et équilibré, rend les personnes extrêmement courageuses, en fait des leaders exceptionnels, qui vont se battre avec fougue pour les gens qu'ils aiment et les causes auxquelles ils croient. Ces personnes ont le courage d'être elles-mêmes et de dire ce qu'elles pensent, même si ça risque de choquer et de déplaire — sauf pour celles qui ont beaucoup de Lion, mais on en reparlera.

Ce sont de bonnes vivantes, qui sont généreuses avec ceux qu'elles aiment. Elles ont de l'énergie à revendre et il est vital qu'elles apprennent à avoir des façons saines de la canaliser. Elles doivent bouger, être en action. Elles aiment l'attention : sans nécessairement dire qu'elles la cherchent à tout prix, elles sont très à l'aise avec elle et sont généralement extraverties.

Finalement, le feu représente notre feu intérieur. Il est vital. En fait, vous allez rapidement comprendre que tous les éléments le sont et qu'il n'y a pas de hiérarchie des éléments : ils sont tous vraiment importants et on devrait tenter de les équilibrer, sans en mettre un sur un piédestal ni en négliger un autre.

Notre feu intérieur est ce qui nous permet d'avancer, d'avoir des passions. C'est ce qui allume notre cœur et fait briller nos yeux. C'est ce qui nous permet d'oser, de sortir de nos zones de confort, d'essayer quelque chose de nouveau, de ne pas avoir peur d'échouer — ou d'avoir peur, mais de le faire tout de même. C'est ce qui fait des flammèches en nous ! Notre confiance en nous et notre pouvoir personnel viennent également de cet endroit.

Hautes vibrations du feu

Dans les hautes vibrations du feu, les personnes seront très connectées à leurs valeurs. Elles sauront clairement ce qui est important pour elles et ce qui ne l'est pas. Elles refuseront de perdre leur temps avec ce qui n'est pas en accord avec leurs valeurs et n'auront pas de difficulté à dire non et à mettre leurs limites. En hautes vibrations du feu, elles arrivent à accéder à leurs émotions et donc, à leur cœur, ce qui en fait des personnes plus authentiques. Leur courage leur permet alors d'être exactement qui elles sont, peu importe ce qu'en pense la société ou leur entourage.

Elles auront beaucoup d'énergie, seront capables de faire beaucoup de choses parce qu'elles se sentent inépuisables. Elles n'auront pas peur de se battre pour ceux qu'elles aiment ou pour ce qui leur tient à cœur et de prendre la parole, de jouer un rôle de leader. Ce sont des personnes magnétiques, qu'on a envie de suivre au bout du monde.

On les aime facilement, et si on a la chance d'être dans leur intimité, elles nous aimeront incroyablement bien. Ce sont de bonnes vivantes, la vie est drôle, légère, remplie de surprises à leurs côtés. Généralement, elles auront une confiance en elles très saine, bien présente. Elles connaîtront leur valeur, mettront leurs limites et demanderont le respect.

Je trouve les personnes dans les hautes vibrations du feu très impressionnantes. Elles arrivent à dire des vérités pas toujours faciles à entendre avec amour, attirent beaucoup de gens par leur lumière et leur aura et font en sorte que chacune d'entre elles se sente la bienvenue et accueillie. Toutefois, elles mettent leurs limites. Pour certains (notamment ceux avec beaucoup d'air ou d'eau), mettre ses limites peut être un concept tellement difficile. Et lorsqu'ils voient le feu le faire, ils se disent: « Mais oui ! C'est ça. Ça n'est pas compliqué. C'est bien dit, bien reçu. Pourquoi alors est-ce que je m'empêche autant de le faire ? » Ça, c'est une question à laquelle on répondra plus loin.

Le feu aime jouer, rire, profiter de la vie. Le bonheur des personnes qui sont dans ces hautes vibrations est vraiment contagieux. Elles nous donnent envie de partir à l'aventure, d'oser écouter notre cœur, de vivre exactement comme on l'entend, peu importe l'opinion des autres, de faire ce qu'on aime, d'être heureux plus souvent.

La haute vibration du feu sera aussi consciente de son ombre. Elle aura les mécanismes en place pour s'observer et savoir quand s'arrêter. Que ce soit dans une discussion qui s'envenime pour rien, une relation qui devient drainante, une mauvaise habitude qui commence à prendre trop de place ou une impatience qui n'a pas lieu d'être.

Basses vibrations du feu (exaltation)

Si le feu n'est pas bien entretenu, c'est comme dans la vraie vie: il peut devenir hors de contrôle ou s'éteindre. Dans ce cas-ci, un feu dans ses basses vibrations s'apparentera beaucoup à un feu de forêt qui devient incontrôlable.

Une personne qui est dans les basses vibrations de cet élément sera presque assurément dans l'excès: nourriture, alcool, fête, dépenses, exercice, sexe, possessions matérielles, colère. Le feu qui devient exalté, trop présent, mène inévitablement à l'excès. La personne n'est pas capable de s'arrêter, en veut toujours plus. On sera face à des personnes impulsives, hautement réactives, qui ne réfléchissent pas avant d'agir et, justement, leurs réactions seront souvent démesurées, destructrices, pour elles ou les autres. Ces personnes tombent souvent dans la colère, l'agressivité, la rage, la frustration. Souvent, elles auront beaucoup de difficultés avec les finances et la stabilité d'emploi, les patrons, les règles. L'engagement devient aussi une notion difficile, parce que ces gens ont tendance à repousser leurs proches et à fuir dès qu'on semble imposer une quelconque restriction ou entrave à leur liberté.

Ils ont des tendances égomaniaques, à tout ramener à eux-mêmes, à vouloir être le centre de l'attention à tout prix. Ils auront tendance à être très compétitifs, au point de manquer de cœur et d'être de mauvais perdants.

Dans mes notes de cours, j'ai griffonné qu'ils sont membres du club des « *don't tell me what the f*** to do, you're not my boss !* » Ça me fait bien rire et ça les résume quand même bien.

Je vous disais que c'est l'élément le plus autodestructeur. Il peut malheureusement vraiment faire du mal. Les personnes qui ont un feu exalté sont souvent celles qui sont allées à l'école des durs à cuire, à l'école de la vie où l'on ne l'a vraiment pas facile ; ce sont celles qui tombent au plus profond du baril.

La bonne nouvelle ? Quand elles prennent conscience de leurs comportements ou de leur situation, ce sont les personnes qui peuvent faire le plus impressionnant 180 degrés et changer leur vie, pour ensuite devenir un modèle d'inspiration pour les autres.

Feu éteint

On peut aussi être face à un feu éteint. C'est-à-dire que toutes les qualités de même que tous les défauts de cet élément seront quasiment absents, inexistants. Cela peut se produire, peu importe la quantité de feu présent dans notre carte et à n'importe quel moment de notre vie. Portez une attention particulière à votre élément manquant ou dominant si vous en avez un.

Une personne au feu éteint sera passive et aura tendance à subir sa vie. À rester dans le connu, dans sa zone de confort, même si elle est malheureuse. Elle a souvent des excuses et revêt facilement le rôle de victime, se plaint de tout et de rien, a toujours une liste d'excuses longue comme le bras pour ne pas changer sa vie et se sortir de ses difficultés. Ses émotions prendront beaucoup de place et, souvent, la limiteront, parce qu'elle se laisse submerger, inonder par elles. Si jamais la personne tombe dans un excès d'alcool, ce ne sera pas parce qu'elle ne peut pas s'arrêter (comme le feu exalté), mais parce qu'elle cherche une échappatoire à toutes ses émotions et à sa souffrance. Elle aura de la difficulté à prendre des décisions, à mettre ses limites, à oser suivre ses rêves. Le feu éteint ne voudra généralement pas prendre de place, déranger, avoir de l'attention, faire des vagues. Même que souvent, les personnes qui ont les qualités du feu auront tendance à le déranger, à l'irriter. Un feu éteint s'apparente beaucoup à une eau dans ses basses vibrations (eau exaltée).

Les gens avec une eau prédominante ont souvent plus de difficulté avec le feu : ce sont les deux éléments les plus difficiles à faire cohabiter. C'est comme si leur intérieur (énergétique) était un milieu trop humide : on ne peut pas y allumer de feu.

Médecine du feu

Comment ramène-t-on l'équilibre dans tout ça ? C'est ce que j'appelle les « médecines » : des façons concrètes de « soigner » nos différentes énergies, pour les allumer ou les apaiser et se rapprocher d'un équilibre. Je vous mets aussi la variante pour les feux qui sont éteints.

Le canaliser

Il y a une notion hyper importante avec le feu : vous devez avoir une façon saine de le canaliser. Le feu peut rapidement s'accumuler, s'embraser, tomber dans l'excès et, ainsi, arriver dans ses basses vibrations, son exaltation. On veut éviter cela à tout prix ! Alors, il faut trouver des façons saines d'extérioriser tout ce beau feu. L'exercice physique est la solution la plus évidente : bouger, dépenser de l'énergie fera toujours le plus grand bien aux personnes qui ont beaucoup de feu. Mais aussi : laisser aller sa créativité sous toutes ses formes, pratiquer l'activisme, faire des choix en accord avec ses valeurs, jouer avec des enfants, être un leader, créer de l'art, avoir une sexualité active. Mais vraiment : si vous avez beaucoup de feu, ça devrait être non négociable d'intégrer de l'activité physique au quotidien dans votre vie. Vous en avez besoin plus que n'importe qui.

Feu éteint : le feu est le seul élément qu'on alimente avec lui-même, c'est-à-dire que si vous dépensez de l'énergie (du feu), vous allez en créer en vous. Pour les feux éteints, il est tout aussi primordial de bouger, de créer du feu intérieur, de dépenser de l'énergie. Je sais. Ça semble contre-intuitif… Comment le sport peut-il être la meilleure façon d'évacuer son feu ? L'activité physique est parfaite pour le feu, point. En excès, elle l'apaise. En manque, elle l'allume !

Accéder à ses émotions

Il sera aussi important — et très sain — pour cet élément d'accéder à ses émotions. Le feu peut seulement accéder à ses hautes vibrations s'il se connecte à son cœur. Or, pour ce faire, il devra obligatoirement plonger dans son monde émotif. Ce n'est pas la chose la plus facile à faire pour cet élément : il préfère nettement avoir du plaisir, vivre des émotions plus légères, ne pas se prendre au sérieux, voir le bon côté des choses, etc. Notre monde émotif renferme nos blessures, notre noirceur, nos émotions plus lourdes, plus difficiles. Par défaut, le feu n'a pas du tout envie d'aller là-dedans. Mais c'est là que se cache tout son potentiel !

Il faudra donc trouver des façons plus aisées pour le feu de se connecter à ses émotions. C'est ce que j'appelle le récipient. Laissez-moi vous expliquer.

Prenons l'exemple d'un vrai feu, dans la vraie vie. Si vous jetez un seau d'eau dessus (l'eau est l'élément de notre monde émotif), que se passe-t-il ? Il s'éteint, évidemment. Par défaut, cet élément veut se protéger de l'eau, en nous permettant très difficilement d'y accéder. De la même façon, une personne qui a beaucoup d'eau dans sa carte du ciel aura un « environnement humide » en elle, peu propice à laisser un beau feu intérieur se développer. Ils sont vraiment difficiles à faire cohabiter, ces deux-là ! Heureusement, le récipient vient tout sauver.

Reprenons notre exemple du vrai feu. Disons que vous y déposez une belle grosse marmite et que, dans celle-ci, vous versez votre eau. Peut-être même que vous y ajoutez de belles fleurs et herbes. Eh bien, cela donnera un résultat final vraiment merveilleux ! Il est tout à fait possible de bien faire cohabiter ces deux éléments, tant et aussi longtemps qu'on a un bon récipient.

Alors concrètement, le récipient, qu'est-ce que ça veut dire ? Il représente ce qui vous permet d'accéder à vos émotions, sans jamais venir menacer votre feu intérieur. Un récipient, pour moi, ça peut être pratiquement n'importe quoi (activité, pratique créative ou spirituelle, thérapie, etc.), et tant mieux, parce qu'il doit être propre à chaque personne. Imaginez si je vous suggérais seulement cinq récipients et qu'ils vous ennuyaient tous profondément ! Vous seriez bien mal pris dans la vie.

La meilleure façon de voir si on est face à un bon ou à un mauvais récipient est d'évaluer comment on se sent après son utilisation. Peu importe l'activité, si c'est un bon récipient pour vous, vous vous sentirez mieux après : plus léger, serein, apaisé, calme, motivé, heureux, etc. Parfois, c'est subtil, on s'entend. C'est pourquoi il est vraiment important de prendre le petit trente secondes nécessaire pour se demander si ça nous a fait du bien.

Un exemple que je donne tout le temps, c'est le travail qu'on fait en événements. On organise, par exemple, un atelier ou un rituel où nos participants vont accéder à de très vieilles blessures, vont souvent pleurer presque tout le long de la rencontre et peuvent terminer l'activité vraiment fatigués, parce que c'était du gros travail émotionnel et énergétique. Mais le résultat : ils se sentent si bien après ! Vraiment allégés, en paix, sereins, fiers d'eux, avec le sentiment d'avoir libéré quelque chose de gros. Donc même si, pendant l'activité, il est difficile de croire qu'elle constitue un bon récipient, en fin de compte, elle l'est vraiment, parce qu'après, les participants se sentent vraiment bien.

Adoptez donc le réflexe de vous demander comment vous vous sentez après une activité, un passe-temps, une rencontre, une sortie, un moment avec quelqu'un, une thérapie, etc, pour déterminer les récipients qui fonctionnent bien pour vous. C'est ce qui vous aidera aussi à réaliser si, au contraire, il y en a qui vous nuisent plus qu'autre chose.

Pour vous donner un petit coup de main, voici une liste non exhaustive de possibles récipients :

- Activité physique, peu importe l'intensité
- Danse
- Yoga
- Méditation
- Tenue d'un journal intime
- Chant
- Art sous toutes ses formes
- Sexe
- Thérapie conventionnelle
- Thérapie holistique
- Soins énergétiques
- Tout le domaine de l'ésotérisme
- Spiritualité
- Développement personnel
- Moment avec un ami, un proche
- Marche en nature
- Bain
- Jardinage
- Entretien de ses plantes
- Créativité sous toutes ses formes
- Travail et mouvement répétitifs, qui occupent l'esprit (par exemple, dessiner des mandalas, faire des casse-tête, tricoter, etc.)

Généralement, un bon récipient pour quelqu'un qui a beaucoup de feu sera quelque chose qui occupera en partie le mental. Ce dernier n'aime pas beaucoup qu'on accède à nos émotions et veut difficilement nous laisser faire. Ce sera donc beaucoup plus facile si on arrive à l'occuper ! Prenons l'exemple de la méditation. Si la personne médite simplement en silence, les chances sont que son mental prendra rapidement le dessus et lui fera remarquer à quel point c'est difficile, qu'elle n'y arrive pas, que ça ne sert à rien, etc., et rapidement, elle abandonnera. Alors que, si elle suit une méditation guidée ou qu'elle récite un mantra, son mental sera occupé et il lui sera alors beaucoup plus facile de méditer, et ce, sur une période prolongée.

Pour le feu éteint: habituellement, le feu éteint n'aura aucun problème à accéder à ses émotions (à moins d'être en excès de terre). Le récipient revêt toute son importance. Souvent, ces personnes n'auront pas de bons récipients: leur feu sera constamment touché et éteint, créant ainsi ce fameux milieu humide où il est quasiment impossible d'allumer un bon feu intérieur. Si votre feu est éteint, assurez-vous d'examiner vos récipients actuels, pour vous assurer qu'ils ne contribuent pas à exalter votre eau.

Harmoniser sa vie avec son cœur

Tout ce travail de récipient a un but bien important: aider le feu à se connecter à son cœur. Quand une personne y arrive, sa vie change magnifiquement. C'est comme si accéder au cœur était la solution magique pour amener le feu dans ses hautes vibrations, cela vient révéler toutes ses belles capacités: être un leader positif, avoir le courage d'être soi-même et de vivre selon ses convictions, encourager les autres à le faire, être généreux, partager l'abondance et la joie, choisir le bonheur, etc.

Pour le feu éteint: prenez le temps d'examiner si vos valeurs sont bien claires, si vous savez clairement ce que vous aimez ou pas, ce qui vous tient à cœur, ce qui vous apporte de la joie, etc. Si tout cela est déjà évident pour vous, la prochaine étape sera plutôt de créer plus de feu en vous, pour bâtir le courage et l'audace nécessaires pour vivre en harmonie avec votre cœur. Les deux points précédents vous aideront beaucoup.

Créativité

Nourrir son feu créateur sera toujours une belle façon de nourrir du même coup, de manière saine, son feu intérieur. Tout ce que vous pouvez créer de vos mains, peu importe ce que c'est, sera une très belle médecine pour le feu. Bâtissez, rénovez, transformez, recyclez, inventez, décorez... Faites aller votre créativité ! Mais aussi, dessinez, tricotez, cuisinez, écrivez, rêvez, plongez dans n'importe quel loisir créatif qui vous attire.

C'est aussi bon pour le feu exalté qu'éteint.

Spiritualité

Le feu est un élément qui a soif de découverte de soi, de développement personnel, de transformation. Une belle façon de le canaliser et de l'amener dans ses hautes vibrations est de plonger dans la spiritualité. Attention, le feu exalté doit se surveiller, puisqu'il pourrait tomber dans un dogme, une secte, l'extrême d'une religion ou dans la valorisation d'un gourou (on se rappelle la notion d'excès). Mais si c'est une exploration qui se fait de manière curieuse, pour apprendre à se connaître, se ramener en soi, reprendre son pouvoir, etc., ce sera extrêmement nourrissant.

Cette pratique ramènera le feu exalté dans le « droit chemin » (s'il se tient loin de l'excès) et rallumera le feu éteint.

Notion de plaisir

Quand je rencontre un feu éteint dans une carte du ciel, je dis toujours à la personne : « Bonne nouvelle ! C'est l'élément le plus plaisant à travailler. » Cette médecine s'adresse surtout au feu éteint. Une belle manière de l'allumer est d'apprendre à se mettre en priorité et à se faire plaisir. Se récompenser « juste parce que », s'offrir des petits luxes et des moments en solitaire à faire quelque chose qu'on aime, investir en soi, transformer les plaisirs « coupables » en simples plaisirs... Quel beau devoir à intégrer dans son quotidien !

Pour le feu exalté : il faudra toujours faire un petit examen de conscience pour s'assurer qu'on n'est pas tombé dans l'indulgence de soi extrême, qu'on n'est pas devenu un pacha qui aime se faire servir et ne fait que penser à lui et à prendre soin de lui.

Oser

Cette médecine aussi s'adresse surtout au feu éteint. Ces personnes auront généralement de la difficulté avec leur feu intérieur, leur confiance, leur courage et leur pouvoir personnel. Il est donc important que, doucement et à leur rythme, elles osent faire de petites sorties de zone de confort, être plus spontanées et dire ce qu'elles pensent. L'important, c'est de vous respecter : si vous vous fixez des objectifs trop loin de qui vous êtes, cela vous causera beaucoup trop de stress inutile et vous n'aurez aucune envie de réessayer. Vous risquez aussi de ne pas réussir et d'être déçu de vous-même. Allez-y par petites étapes et célébrez chaque victoire ! Soyez fier de vous !

Pour le feu exalté : là aussi, il faudra faire un petit examen de conscience à savoir si, au contraire, on ose beaucoup trop. Le feu exalté est un élément qui peut réellement se mettre en danger, en ne réfléchissant pas aux conséquences et en recherchant toujours plus de sensations fortes. Si c'est votre cas, il faudra plutôt apprendre à tourner votre langue sept fois avant de parler et à réfléchir avant d'agir. Une bonne pratique peut être de vous trouver une phrase qui vous aide vraiment à prendre un mini pas de recul avant d'agir. Du genre : « Qu'est-ce que ferait [une personne que vous admirez] à ma place ? », « Est-ce que j'en ai vraiment besoin ? », « Est-ce que mes mots vont faire du mal ? », etc.

Chanter

Vous avez bien lu. Et c'est encore mieux si vous pouvez chanter à tue-tête ! Dans la voiture, sous la douche, en solo ou en public, peu importe. Chanter nous aide à connecter directement notre âme à la joie. Si votre feu est exalté, vous pouvez peut-être donner un aspect plus « spirituel » à votre chant (plutôt que de tomber dans le désir de prendre de la place, d'être vu et entendu, etc.), comme en composant votre musique ou en écrivant vos paroles de chansons, ou encore, en vous intéressant aux mantras et aux chants sacrés.

Si votre feu est éteint, les chances sont que cette médecine vous semblera très intimidante. Chanter est incroyablement libérateur et est directement lié à la confiance en soi, à la capacité à mettre ses limites, à dire ce qu'on pense, etc. Après tout, il s'agit de notre voix. En osant la libérer en chantant, on ose généralement la libérer dans toutes ses facettes. Commencez en privé et trouvez une façon qui vous fait du bien et qui vous rend heureux. Et si vous voulez pousser la chose, il existe des cours de chant (je ne vous apprends rien), mais aussi des ateliers et formations qui visent justement à libérer sa voix et à bâtir sa confiance à travers le chant.

Air

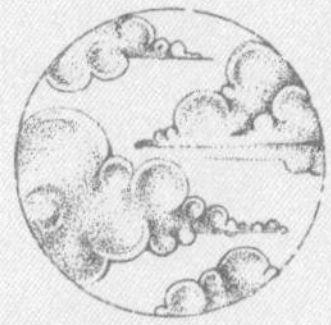

Corps mental

apprentissage - communication

Signes : Gémeaux, Balance, Verseau

Chakra : Chakra du cœur (quatrième chakra)

Hautes vibrations : don pour les mots et la communication, humour, répartie, inspiration, sociabilité, aisance, charisme, intellect, apprentissage, curiosité, adaptation

Basses vibrations : manipulation, mensonge, séduction, mauvais usage des mots, éparpillement, difficulté à être authentique, perte d'identité, sabotage

L'air est un élément tellement dynamique. Il va souvent de pair avec le feu, ils se nourrissent l'un l'autre. Les gens avec beaucoup de feu aiment naturellement les gens avec beaucoup d'air et vice-versa. Ce sont deux éléments qui vont généralement plus aisément (ou plus difficilement) en paire. Encore une fois, pensez à ce qu'ils représentent dans la vraie vie : un feu est facilement nourri par le vent, par l'oxygène. Mais s'il n'y en a plus, il s'éteint. L'air représente notre monde intellectuel et notre tête, nos communications et notre aisance à communiquer ainsi que notre capacité d'adaptation et notre degré de tolérance au changement.

Les gens qui ont beaucoup d'air sont du genre à beaucoup parler ou à avoir vraiment de la facilité à prendre la parole, à trouver les bons mots. Ils viennent inspirer et toucher les gens avec leurs mots qu'ils soient écrits ou parlés. Ce sont souvent des extravertis, quoiqu'ils aient un petit côté *geek* souvent bien plus présent que chez les signes de feu, ce qui fait que ce trait n'est pas automatique chez eux. Ce sont aussi nos intellectuels, pas que nos communicateurs nés.

Souvent, le changement est une seconde nature pour eux. Ils l'adorent ! S'adapter n'est pas un problème, au contraire : ils en deviennent étourdissants tant ils peuvent facilement changer d'idée, de projet, de partenaire, d'objectif. C'est d'ailleurs un des traits sur lequel ils se font le plus sévèrement juger.

Ce sont généralement de bons vivants, très à l'aise avec les gens. Ils captent très facilement l'ambiance d'un groupe, d'une salle, et grâce à leur capacité d'adaptation, vont savoir comment se comporter. Ils ont vraiment un côté caméléon, surtout les Gémeaux. Ils savent lire une salle, comme on dit.

Ce sont les cerveaux éponges, les gens qui retiennent tout, qui savent tellement de choses qu'ils nous surprennent toujours à sortir des faits inusités sur tout et sur rien. Ils ont souvent des connaissances générales excellentes. Ils adorent apprendre et vont habituellement continuer de le faire toute leur vie. On les trouve souvent en train de lire, d'écrire, de suivre une énième formation ou de parler, d'enseigner. Ils ont un intellect vif comme l'éclair, plus rapide que ceux des autres.

Ce trait peut d'ailleurs les rendre un peu hautains, comme s'ils étaient plus intelligents que tout le monde et que personne n'arrivait à les suivre. Ils sont facilement irrités par le rythme d'apprentissage et de compréhension des autres, qui ne vont jamais assez vite à leur goût.

Ce sont aussi ceux qui peuvent terminer les phrases des autres ou couper la parole un peu trop souvent. Leurs décisions sont rapides, incisives. Sauf pour la Balance, qui peut se perdre dans les deux côtés de la médaille, l'air est généralement rapide sur la gâchette lorsque vient le temps de prendre une décision.

C'est un élément qui vit dans sa tête. Les gens pour qui l'air est dominant sont bien souvent déconnectés de leur corps et donc, de leur cœur et de leurs émotions. En yoga, traditionnellement, on l'associe au chakra du cœur, mais j'ai toujours trouvé cette association très bizarre. En astrologie, à mon avis, l'air est associé au chakra de la gorge.

Ils peuvent être extrêmement têtes en l'air et désorganisés. Ce sont pourtant ceux qui s'inondent de beaux outils d'organisation, de jolis crayons, d'espaces bureaux dignes de Pinterest... mais ils n'utilisent rien de tout ça et foutent rapidement le bordel. Ils croient qu'ils sont mauvais avec les chiffres; c'est toutefois souvent un mensonge qu'ils se racontent.

Leur plus grand don est leur communication, qu'ils doivent apprendre à bien utiliser. Leurs mots peuvent élever, inspirer, motiver... comme ils peuvent blesser, détruire, anéantir. Ils sont comme le vent: changeants, imprévisibles.

Hautes vibrations

La personne qui arrive à aller dans les hautes vibrations de l'air est un messager de l'amour. C'est une personne dont les mots touchent droit au cœur, qui peut changer nos perspectives, nous faire comprendre les leçons, nous inspirer à faire de notre mieux en quelques mots, quelques phrases. Ce sont souvent des personnes qui arrivent à canaliser facilement (recevoir des messages de «plus haut») et qui peuvent écrire et parler comme si, justement, c'était tellement aisé que ce n'était pas vraiment eux qui le faisaient.

Ils savent que les mots peuvent détruire et ils s'assurent d'utiliser leur don positivement. Ils ont appris à s'accepter tels qu'ils sont: avec leur côté girouette et caméléon. Au lieu de voir ce trait comme un défaut, ils le voient comme le cadeau véritable qu'il est. Grâce à ça, ils s'adaptent facilement et ne perdent pas de temps avec quelque chose qui ne les allume pas. Ce n'est pas parce qu'ils sont superficiels qu'ils changent d'idée facilement: c'est parce que dès que leur cœur n'y est plus vraiment, ils arrêtent d'y perdre du temps et de l'énergie.

Les hautes vibrations de l'air donnent des personnes qui arrivent à se connecter à leur cœur et qui peuvent donc choisir leurs mots, leurs activités, leurs relations en conséquence. L'engagement dans une relation n'est pas un problème. Une fois qu'elles s'engagent, elles ne reviennent pas sur leur décision. Elles sont de véritables usines à idées, entretiennent des conversations stimulantes, inspirantes et savent mettre les gens à l'aise.

Au contraire des signes de feu qui prennent beaucoup de place et qu'on a tendance à trouver « trop », les signes d'air s'adaptent, mettent les gens automatiquement à l'aise et vont user de leur pouvoir de sociabilité au service des autres, en mettant les bonnes personnes en contact, en encourageant les autres à oser prendre parole, etc. Ils ont aussi un excellent sens de l'humour et de la répartie, formulent toujours exactement le bon commentaire au bon moment.

Dans les hautes vibrations, une personne qui porte l'air apprendra à accepter que tout ne soit pas harmonieux en tout temps. Elle apprendra à dire les vérités les plus difficiles à entendre, parce qu'elle parle avec son cœur et sait utiliser des mots bienveillants. Elle sera capable de s'exprimer même si tout le monde ne sera pas d'accord avec ce qu'elle a à dire. Elle apprendra à vivre avec la critique. Elle a la capacité de faire le vide en elle, de méditer en paix et de se ramener dans son cœur au lieu de subir la conversation incessante de sa tête.

Basses vibrations (exaltation)

Oh là, c'est une tout autre histoire ! Quand l'air devient exalté et entraîne une personne dans ses basses vibrations, celle-ci deviendra sournoise, mesquine, manipulatrice, menteuse même. Une des premières choses à observer sera la façon dont elle utilise ses mots. Elle aura tendance à alimenter ou à démarrer des rumeurs et ragots, à parler méchamment en l'absence des gens. Elle aimera discuter de choses futiles, pas vraiment importantes, et commentera allègrement l'apparence et les choix des autres. Bref, elle utilisera vraiment négativement ses mots.

Un des archétypes associés à l'air est la fée, le filou (*trickster*) et le métamorphe. Quand on voit ça du côté des basses vibrations, ça donne des personnes qui vont se placer dans toutes les situations impossibles et, grâce à leur charme et à leur don pour les mots, vont quasiment toujours arriver à s'en sortir sans conséquence. Ce sont des créateurs de chaos, malheureusement. Ils n'auront pas de problème à mentir ou à changer instantanément d'avis pour sauver leur peau.

Ils auront beaucoup de difficulté à mener quoi que ce soit à terme et vont devenir superficiels dans tous les sens du terme : projets en surface, relations superficielles, apparence superficielle et fixation sur leur apparence et celle des autres. Ils vont valoriser des relations qui amènent du pouvoir : des gens connus, des gens qui élèvent leur statut social, qui peuvent leur apporter quelque chose.

Dans les basses vibrations de l'élément, ces gens vont aussi tomber dans le jugement de l'intelligence des autres. Ils se croiront plus intelligents que tout le monde et peuvent se faire prendre à leur jeu. Ils dégageront peut-être un sentiment de supériorité, que ce soit dans leurs échanges, avec leur apparence, leur charme, leurs qualités sociales, leur intelligence ou autre.

Ils seront victimes de leur goût pour le changement, puisqu'une aversion pour la routine et la stabilité l'accompagne bien souvent. Dès que les choses deviennent trop confortables, ils seront enclins à partir ou à se saboter pour être forcés de partir. Leur intellect leur joue le même genre de tour, puisqu'ils auront tendance à être incapables de choisir une seule chose qu'ils veulent pousser à fond. Ces gens sont des dilettantes : des connaisseurs de tout, mais spécialistes de rien. Ils auront de la difficulté à mener quoi que ce soit à terme et seront toujours intéressés par le nouvel objet brillant qui capte leur attention. Ils auront aussi beaucoup de difficulté à être seuls et indépendants. Un des côtés sombres et très fréquents de l'air dans ses basses vibrations est la codépendance.

Finalement, un grand danger de l'air exalté est que, bien souvent, il mène droit au surmenage, à l'épuisement. Ce sont des personnes qui n'arrêtent jamais. Elles doivent vraiment faire un effort supplémentaire pour calmer leur mental et sont promptes à l'anxiété plus que n'importe qui. Leur cerveau est souvent un reflet de leur vie: s'il est chaotique, ne se repose jamais, va trop vite, cela donne des vies désorganisées, trop remplies, qui mènent droit à l'épuisement. Surveillez votre horaire, votre activité mentale, votre stress et votre anxiété. Observez aussi votre sommeil: il sera souvent un bon indicateur. Si vous avez beaucoup de difficulté à vous endormir et faites de l'insomnie, c'est signe que votre mental va trop vite et que l'anxiété est de retour.

Air éteint

Pour l'air éteint, on sera généralement face à des personnes pour qui la communication et la sociabilité seront difficiles. Ce sont souvent des timides, qui ne sont pas très à l'aise avec les autres. Trouver les mots, prendre la parole, dire ce qu'ils pensent, etc., sera souvent un défi.

Aussi, généralement, ce seront des personnes qui auront beaucoup de difficulté à accepter le changement. Elles vont préférer continuer de penser et d'agir de la même façon, rester dans leurs habitudes, dans ce qui est connu. Elles peuvent vraiment se sentir « prises » dans leur vie, comme si elles n'avaient pas le pouvoir de changer les choses.

Ce seront aussi probablement des personnes qui prennent vraiment leur temps avant de décider quoi que ce soit, à peser le pour et le contre à l'infini, à questionner tout leur entourage ou à simplement choisir de ne pas décider, parce que c'est plus simple ainsi. Souvent, les gens qui ont les qualités de l'air bien activées les rebuteront. Elles n'aimeront pas les gens charmants, sociables et plaisants, auront tendance à les juger comme superficiels et faux, alors que ce n'est probablement pas le cas. Elles auront beaucoup de difficulté à reconnaître ces mêmes qualités en elles.

Médecine de l'air

Comment rééquilibrer l'air ? Voici quelques pistes pour « soigner » nos différentes énergies, pour les allumer ou les apaiser et se rapprocher d'un équilibre.

Utiliser ses communications positivement

Une des premières choses à faire est d'analyser votre discours, la manière dont vous utilisez les mots. La quantité de mots prononcés est un bon indice d'un air exalté: ces personnes auront tendance à parler SANS CESSE. Elles ont de la difficulté avec le silence, voudront le combler à tout prix, parleront pour ne rien dire. Une phrase que mon père m'a toujours répétée est un bon mantra pour les gens qui ont beaucoup d'air: « Si tu n'as rien de gentil à dire, ne dis rien. »

Observez donc, sans jugement, quelle est votre relation aux mots, à quelle fréquence vous les utilisez, pourquoi, de quelle façon, etc. Remarquez une possible tendance à dire des choses qui ne sont pas très positives: juger l'apparence des autres, parler en l'absence des gens, alimenter et démarrer des rumeurs, etc. Le but n'est pas de vous flageller, mais simplement de prendre conscience de ces mécanismes pour ensuite rectifier le tir lorsque vous vous prenez sur le fait. Pour amener l'air dans ses hautes vibrations, il faudra utiliser vos mots positivement: pour encourager, inspirer, motiver, complimenter (sincèrement), rassurer, épauler, etc.

Pour l'air éteint: alors là, il faudra simplement apprendre à utiliser la communication. Le plus facile est de le faire avec des gens qui vous aiment et en qui vous avez confiance. Vous pouvez même leur mentionner que vous travaillez sur ce point et que vous aimeriez leur soutien. Osez prendre la parole, dire ce que vous pensez, faire une blague, saluer un collègue, etc.

Se ramener dans son cœur et ses émotions

C'est un grand défi pour les gens qui ont beaucoup d'air dans leur carte. Généralement, ils vivent à partir du cou en montant, donc seulement dans leur tête. Les personnes plus spirituelles, quant à elles, seront connectées au monde invisible et facilement déracinées de notre Terre. Il sera important pour ces personnes d'avoir des moments, des activités ou des personnes dans leur quotidien qui les aident à accéder à leurs émotions.

Attention : souvent, ces personnes sont excellentes pour parler de leurs émotions, mais pas pour les ressentir. Si vous vous surprenez à parler d'un sentiment que vous avez vécu, prenez une petite pause interne pour vous assurer que vous l'avez réellement vécu, et non que vous êtes seulement en train de le raconter, comme si vous étiez un personnage dans une histoire.

Accéder aux émotions n'est pas nécessairement simple lorsqu'on vit surtout dans sa tête. Assurez-vous d'avoir des moments où vous arrivez à ressentir des choses. Idéalement, il s'agit de ressentir vos propres émotions, mais pour commencer en douceur et se remettre dans le bain, écouter des films qui vous font pleurer serait un bon exercice. Il vous faut devenir à l'aise de vivre des émotions, pour être à l'aise de vivre les vôtres.

Une bonne pratique est de se ramener dans son corps. Lorsqu'on vit quelque chose, il s'agit de fermer les yeux et de visualiser dans quelle partie de notre corps on ressent l'émotion. Par exemple, vous êtes déçu de ne pas avoir été invité à une activité. Au lieu de simplement en parler, fermez les yeux et respirez. Mettez-vous en mode observation. Cette blessure émotionnelle se reflétera quelque part dans votre corps. Concentrez votre attention sur cet endroit précis et visualisez la détente, l'apaisement, la libération. Les émotions voudront alors probablement sortir : c'est parfait ! Permettez-vous de les vivre.

Pour l'air éteint: si l'air est éteint par une présence trop forte de terre, ce sera le même principe. Si toutefois vous êtes en forte présence d'eau, dans ce cas, au contraire, il faudra vous amener un tout petit peu plus dans votre tête. Vous trouverez plus d'indices à ce propos dans la section sur l'eau.

S'ancrer

Les gens avec beaucoup d'air vivent dans le ciel, dans l'espace. Il est vital de les ramener sur terre. Je leur recommande toujours des pratiques qui les aideront à s'enraciner. Si vous connaissez l'ayurveda, cela s'apparente aux pratiques pour apaiser Vata.

- Faire des visualisations où vous voyez des racines qui partent de la plante de vos pieds et qui vont se connecter au noyau de la Terre.

- Marcher pieds nus, en nature, quand la saison le permet.

- Vous asseoir le dos contre un tronc d'arbre et respirer avec la terre. Ça vous semblera peut-être bizarre au début, mais faites-le. Ça n'a pas besoin d'être long. Voyez-le comme un «trois minutes de détente»: vous vous assoyez, fermez les yeux, respirez. Vous remarquerez peut-être l'énergie qui émane de l'arbre, sentirez les odeurs de la nature, entendrez ses sons.

- Vous occuper de vos plantes et jardiner.

- Manger des repas plus lourds, avec beaucoup de légumes racines, des mets qui ont cuit longtemps, qui ont mijoté.

- Exercer votre chakra racine. Vous trouverez des séances de yoga qui se concentrent sur ce chakra et sur l'enracinement en général. Vous pouvez travailler avec la divinité Ganesh en chantant ses mantras ou encore, méditer avec du son: vous inspirez par le nez, en silence, et en expirant, faites le son « lam » sur toute la durée de l'expiration, pendant quelques minutes. Si vous êtes du type musical et que c'est accessible pour vous, vous procurer un bol de cristal de la note do (ou « C » en anglais), celle du chakra racine, est une option.

- Vous ramener dans votre corps : bougez-le, touchez-le. Pas besoin d'avoir une pratique sportive élaborée ; des étirements, des massages corporels et des mouvements d'incarnation (*embodiment*) suffisent. Cette dernière pratique permet de faire circuler l'énergie et les émotions en nous à travers des mouvements simples. Vous pouvez trouver des exemples en cherchant « embodiment practice » sur les moteurs de recherche.

Ce genre d'actions devra faire partie de votre quotidien : vous partez trop facilement dans les étoiles. Il faut trouver des façons de vous ramener sur Terre.

Pour l'air éteint : alors là, c'est l'inverse ! Il est fort probable que vous êtes trop enraciné. Brassez votre routine, essayez quelque chose de différent, changez vos habitudes, faites une petite folie, soyez plus spontané, etc.

Apprendre

Cette médecine apaise l'air exalté et réveille l'air éteint : stimulez votre intellect ! Lisez sur un sujet qui vous intrigue, suivez une formation, posez des questions à un professionnel d'un autre domaine que le vôtre, ouvrez votre esprit aux autres façons de faire, retournez sur les bancs d'école, suivez un cours gratuit en ligne, etc.

Pour l'air exalté, donnez-vous quand même le petit défi de terminer au moins un livre ou une formation entamés. Mais selon moi, le plus important dans votre cas, c'est de faire la paix avec votre curiosité intellectuelle insatiable. On vous a probablement souvent jugé comme étant tête en l'air, non persévérant, qui abandonne trop vite, qui s'intéresse à tout, mais ne maîtrise rien, etc. Faites la paix avec vous-même. Vous êtes ainsi. Ce n'est pas négatif, c'est comme ça, tout simplement. Vous avez le choix de vous juger, ou alors, bien mieux, de célébrer ce côté de vous qui vous rend curieux, ouvert, stimule votre intellect, vous fait découvrir tant de choses et vous aide à évoluer.

Écrire

Cette médecine aussi est merveilleuse pour tous ceux dont l'air est exalté ou éteint. Dans le premier cas, c'est un allié extrêmement précieux, parce que c'est l'écriture qui vous permettra de canaliser le trop-plein d'air en vous, de l'évacuer de manière saine et de vous « faire une tête » sur tout ce que vous vivez. C'est une pratique non négociable pour vous. C'est ce qui vous aidera aussi à ne pas étourdir votre entourage avec tout ce que vous avez à dire, vos processus et vos idées. Vous devriez voir la quantité de journaux personnels que j'ai chez moi !... Tout comme l'exercice physique est essentiel pour le feu, l'écriture est essentielle pour l'air.

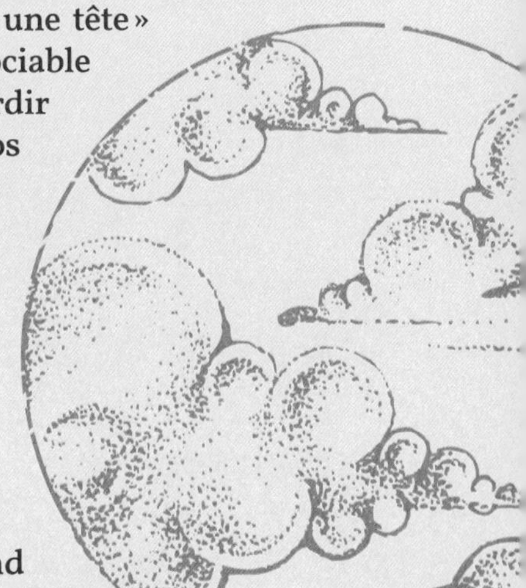

Pour l'air éteint: c'est une merveilleuse manière d'apprivoiser les mots, puisque ça se fait vraiment en privé, dans votre intimité. Dépassez le stade initial où vous vous direz sûrement : « Pourquoi je fais ça ? Ça ne sert à rien ! C'est niaiseux. » Continuez d'écrire quand même. Vous en avez besoin et ça va vraiment vous faire du bien, vous délier la langue, même si au départ c'est seulement à l'écrit. Si l'écriture vous intimide parce que vous avez peur que quelqu'un vous lise, c'est simple : prenez un cahier moche, auquel vous n'avez aucun attachement, et déchirez et détruisez les pages après chaque séance d'écriture. Mais écrivez !

S'accepter tel quel

Cette médecine-ci est pour l'air exalté. L'air vient avec des côtés qui sont souvent jugés, et je peux en témoigner. Vous l'aurez peut-être deviné, l'air est bien présent chez moi. Et j'ai longtemps été mal à l'aise d'avoir une aussi grande capacité d'adaptation au changement et d'en être consciente. On me trouvait superficielle, fausse, on disait que je ne vivais pas vraiment les choses puisque je m'en remettais « trop rapidement » ou pas de la façon que l'on attendait de moi, que j'abandonnais trop facilement, que je n'étais pas fiable, que j'étais lâche, etc.

Avec le temps, l'expérience, la maturité, la connaissance de moi (et l'astrologie), j'en suis venue à adorer ces côtés de moi ! Je ne perds pas de temps avec quelque chose qui ne m'allume pas, qui ne me ressemble pas. Je m'adapte constamment aux défis, aux changements. Je me réinvente, me transforme. Je ne perds pas plus de temps que nécessaire à vivre des épreuves : je laisse place aux émotions qui ont besoin d'exister, et quand c'est fini, c'est fini. Je vis ma peine et je passe à autre chose. Pourquoi perdre de l'énergie supplémentaire ou m'apitoyer sur moi-même ? Bref ! Comprenez que vous n'êtes pas une tête vide qui change d'idée comme vous changez de sous-vêtements. Votre rythme mental va vite, très vite. Ce n'est pas mieux qu'un autre, mais ce n'est surtout pas moins bon. Aimez-vous tel que vous êtes.

Faire la larve

Ah ! Mon devoir préféré pour les personnes qui ont beaucoup d'air dans leur carte. Surtout si vous avez beaucoup de Gémeaux, et encore plus si votre Mercure est en Gémeaux. Ça veut dire que votre rythme mental est plus que rapide. Et bien souvent, notre rythme de vie est un miroir de notre rythme mental. Ces personnes ont donc toujours 400 000 projets en même temps, sont toujours en train de courir d'un endroit à l'autre ou d'éteindre 1001 feux dans une même journée, carburent au stress, etc. Le soir venu, il est tellement difficile pour elles d'éteindre leur activité mentale qu'elles font de l'insomnie ou ont beaucoup de difficulté à s'endormir. Ça vous sonne une cloche? Découvrez la larve ! Ces moments où vous mettez votre cerveau complètement à *off*. Vous en avez besoin. Idéalement tous les jours. Et sans aucune culpabilité.

Votre façon de faire la larve vous sera propre, mais en voici quelques exemples: pratiquer une activité sportive (c'est votre cerveau qu'on veut mettre sur pause, pas nécessairement votre corps), écouter un film ou une série, chanter, jouer de la musique, dessiner, faire un mouvement répétitif. Ajoutez ça à votre horaire, et souvent. L'air est l'élément qui mène droit à l'épuisement si on ne fait pas attention et ça, c'est très sérieux. Surveillez-vous, surveillez les signes de stress et d'anxiété, qui sont facilement présents chez vous, et assurez-vous de décanter suffisamment en passant de beaux moments de larve. Vous l'aurez peut-être compris, cette médecine est réservée aux gens qui ont beaucoup d'air, et de l'air exalté, pas éteint.

Méditer

Je sais, je sais, c'est probablement le devoir le plus difficile pour les gens avec beaucoup d'air. Mais vous en avez tellement besoin ! Plus que quiconque. Votre énergie mentale est tellement intense, il faut qu'elle puisse se déposer et se détendre. Il est important de comprendre que méditer ne veut pas dire mettre un frein aux pensées qui traversent votre esprit. Saviez-vous qu'il est plus facile d'arrêter de respirer que d'arrêter de penser? Alors, imaginez si vous vous fixiez cet objectif impossible lors de votre méditation ! Tout ce qu'on veut, c'est tranquillement amener un peu plus d'espace entre chacune de nos pensées et être capable de les laisser aller, sans attachement. Vous pouvez commencer avec des méditations guidées ou des mantras à répéter, ce sera une introduction beaucoup plus en douceur que de commencer en tête-à-tête avec vous-même.

Cette médecine est d'ailleurs bonne pour tout le monde et pour tous les éléments, mais vraiment vitale pour l'air et encore plus pour l'air exalté.

Terre

Corps physique

carrière - discipline

Signes : Taureau, Vierge, Capricorne

Chakra : racine (premier chakra)

Hautes vibrations : enracinement, maturité, vision, persévérance, connexion à la terre, abondance, générosité, service, présence, sensualité, intégrité

Basses vibrations : avarice, sérieux, peur, indulgence, dépendance au travail, ennui, contrôle, froideur

Alors là, on change complètement d'énergie ! Traditionnellement, l'air et le feu sont une paire d'éléments, et la terre et l'eau, une autre. Effectivement, on a tendance à voir ces éléments en combo. Toutefois, comme on l'a vu, les paires opposées sont importantes et très souvent présentes. La plupart du temps, les gens ayant beaucoup d'air ont donc aussi beaucoup de terre.

La terre est l'élément de la carrière, c'est l'association la plus facile et directe. La terre est cet élément qui nous apporte discipline, rigueur, organisation, stabilité, ancrage, résilience, intégrité, détermination, persévérance. Il semble ne pas être l'élément le plus « excitant ». Oui, il est prévisible et bien dans sa zone de confort. Mais il est aussi nourrissant, maternel, nous connecte à l'environnement et apporte beaucoup de sa magie lui aussi.

La terre est l'élément qui nous connecte à la Terre, à l'environnement, à la nature. C'est ce qui nous ramène dans notre corps, dans le concret, qui nous garde les deux pieds sur Terre. Jardiner, cultiver, prendre soin de la planète, des cours d'eau, diminuer son impact environnemental sont toutes des actions très *terriennes.*

C'est aussi cet élément qui nous permet de concrétiser nos rêves. L'eau nous permet de les ressentir ; l'air, de les imaginer ; le feu d'avoir l'énergie pour passer à l'action... Mais c'est la terre qui fait tout le travail concret. C'est cet élément qui nous permet de transformer nos rêves et visions en réalité, d'établir des plans d'action, des échéanciers, de travailler chaque jour pour transformer notre vie.

C'est l'élément des habitudes de vie, de la routine, de la répétition. Sans la terre, nous abandonnerions constamment tout ce que nous entreprenons. C'est aussi l'élément de l'argent, des finances, des possessions matérielles. Budgéter, économiser, faire fructifier l'argent, en mettre de côté pour la retraite, pour nos enfants : c'est grâce à la terre qu'on y arrive.

Bon, parfois, les gens qui ont beaucoup de terre sont extrêmement sérieux et ont de la difficulté à décrocher, à se reposer, à ne rien faire, à se récompenser, à célébrer. Ils peuvent devenir un peu obsédés par leurs objectifs et ils peuvent facilement tomber dans le vieux paradigme du « il faut travailler fort dans la vie pour avoir ce qu'on veut ».

Mais ce sont aussi les gens sur qui on peut toujours compter. C'est l'ami qui viendra nous sortir du pétrin en pleine nuit au besoin. Ils ont une énergie forte, solide, rassurante, stable. On ne se fera jamais abandonner par eux. Il faut faire attention de ne pas abuser d'eux, par contre, parce qu'ils sont naturellement des gens serviables, qui veulent aider, alors ils ont de la difficulté à dire non, à mettre leurs limites. Comme ils sont capables d'en prendre, ils peuvent aussi s'épuiser. L'épuisement constitue une récurrence de la paire opposée air-terre : l'air s'épuise parce qu'il va trop vite et s'éparpille ; la terre s'épuise parce qu'elle en prend trop sur ses épaules et ne prend jamais de pause.

Les gens avec beaucoup de terre finissent par réévaluer leur notion du vrai bonheur et se détacher du matériel. C'est pourquoi la version très évoluée de la terre est souvent représentée par Bouddha.

Hautes vibrations

Selon moi, la clé pour atteindre les hautes vibrations de la terre est de trouver une raison à sa carrière, à son talent. Et pour ça, où faut-il aller voir ? Dans son cœur, pour avoir accès à son âme. C'est ainsi que les gens mettent leur énergie de terre à leur propre service, mais aussi à celui de l'humanité. C'est une énergie qui peut accomplir tellement ! Et dans ses hautes vibrations, elle accomplira dans l'amour, pour le mieux-être collectif, pour rendre service à partir de son cœur parce qu'elle en a envie, parce que cela la nourrit.

En arrivant à se connecter à son cœur, la personne dans les hautes vibrations de la terre se reconnectera à elle-même, à ses valeurs et à ce qui compte pour elle. C'est ainsi qu'elle arrivera à se détacher du matérialisme et de la surconsommation et révélera son côté intègre. C'est également de cette façon qu'elle se rappellera sa grande connexion à la terre et (re)commencera à la respecter, à en prendre soin.

Les hautes vibrations de la terre donnent souvent des gens qui essaient d'avoir l'impact le plus léger possible sur la terre, qui sont possiblement véganes, qui cultivent beaucoup de ce qu'ils mangent, qui aiment jardiner, qui ont besoin d'être en contact avec la nature (ils auront généralement plus de difficulté à habiter en ville ou en banlieue) et qui, par leurs actions et leur travail, ont un impact positif sur eux-mêmes, leur famille, leur communauté et même, parfois, sur la société au sens plus large.

Ils possèdent une énergie très maternelle, que seule leur (re)connexion à la nature peut leur apporter. Ils prennent soin : de leur corps, de leurs proches, des autres, des animaux, de la nature. Ils arrivent aussi à renouer avec le plaisir d'exister et deviennent capables de se reconnaître et de se définir dans autre chose que leur carrière. Ils sont pleinement présents dans leur corps et aiment en satisfaire les cinq sens. Ils arrivent à trouver un bel équilibre entre leur énergie féminine et masculine. Leur féminin leur permet d'être dans leur corps, de prendre leur temps, de se connecter à leur cœur, de ne faire qu'un avec Mère Nature, de ressentir leur vrai bonheur. Leur masculin leur permet d'agir : de mettre les choses en place pour laisser plus d'espace à ce qui les rend réellement heureux, de faire des plans d'action concrets pour améliorer les choses, de faire des choix quotidiens et de mettre des efforts à long terme pour ce qui leur tient à cœur.

Ils arrivent généralement à générer beaucoup d'abondance dans leur vie, parce qu'ils ont sincèrement envie d'aider les autres et de partager, et ils ont enfin compris que l'argent n'est pas une ressource limitée, au contraire. La haute vibration de la terre fait la paix avec l'argent, le voit simplement comme un outil qui amène plus de liberté et qui permet d'avoir un impact positif incroyable chez les autres. La mentalité d'abondance est vraiment ancrée en eux : il y a de la place pour tout le monde, des ressources pour tout le monde, alors arrêtons de nous battre, de nous comparer et de propager le mensonge qu'il faut à tout prix protéger ce qu'on a.

Ils ne sont pas obligés, loin de là, mais s'ils le veulent et qu'ils en entendent l'appel, ils peuvent vraiment accomplir de grandes choses et avoir des carrières significatives. Dans les hautes vibrations, cela s'accompagnera d'un effet positif sur les humains et sur la planète.

La terre dans ses hautes vibrations nous montre assurément que cet élément est loin d'être ennuyant !

Basses vibrations (exaltation)

Oh qu'on tombe ici dans une catégorie de gens qu'on pourrait qualifier de désagréables ! Les basses vibrations se révèlent de plusieurs façons, mais souvent, on sera face à des personnes pour qui la carrière prend toute la place. Être dépendant au travail est l'un des plus grands signes que la terre est dans ses basses vibrations. Mais au-delà de ça, le choix de carrière parlera souvent très fort. On perdra l'impact positif que les hautes vibrations apportaient. Souvent, ce sont des gens qui travaillent pour des multinationales, des compagnies pharmaceutiques, des géants agroalimentaires, l'industrie pétrolière, etc. Des gens qui vont se donner corps et âme pour des entreprises qui font du tort à l'humain ou à la planète. Il y a également une grosse notion de contrôle… Ce sont les personnes qui vont préférer tout faire elles-mêmes pour s'assurer de la qualité du travail (le fameux « on n'est jamais mieux servi que par soi-même ») et qui ont beaucoup de difficulté à déléguer. Si elles arrivent à le faire, les choses doivent être exécutées exactement comme elles le veulent. Elles seules savent comment bien faire les choses. On retrouve souvent un besoin de contrôle et de la rigidité avec les basses vibrations.

Ces personnes vont probablement aller puiser leur fierté dans leur salaire, leur compte en banque, leur statut social et leurs possessions. Dans ses hautes vibrations, la terre apprend à se détacher de tout ça, mais dans ses basses vibrations, c'est le contraire : elle ne jure que par ce qu'elle possède, ce qu'elle peut s'acheter (ou pas). Après tout, la terre gouverne aussi les finances. Dans les basses vibrations, on se retrouvera souvent face à des « gratte-la-cenne » (ou « gratteux »), comme on dit, des gens qui veulent à tout prix économiser, qui accumulent, qui ont de la difficulté à partager, qui préfèrent acheter des objets de mauvaise qualité, faits dans des conditions médiocres parce que cela leur a permis d'économiser de l'argent.

C'est aussi dans les basses vibrations de la terre qu'on tombera dans la mentalité de manque ou de rareté (*scarcity mindset*) : si quelqu'un d'autre a ce que je veux, ça m'enlève une chance de l'avoir. C'est une mentalité qui nous pousse vers la compétition, la division, la comparaison. Les gens qui ont toujours peur de manquer d'argent adoptent généralement cette mentalité.

Dans les basses vibrations, on perdra aussi la belle connexion au corps et à la planète. Les gens qui s'y trouvent seront des surconsommateurs aguerris, habitant de trop grandes maisons, pleines à craquer, achetant sans réfléchir, se tartinant le corps de produits toxiques et mangeant sans réellement nourrir leur corps. Leur bonheur a tendance à se trouver dans les possessions matérielles, les marques, l'échelle sociale, les responsabilités, l'état de leur compte en banque, etc.

Alors que dans les hautes vibrations, la terre apprend à être en amour avec son corps, dans les basses vibrations, elle a tendance à le maltraiter et manque profondément d'amour-propre. Elle jugera son apparence, mais mangera de façon malsaine et restera inactive.

Finalement, elle aura tendance à s'occuper sans cesse, pour ne jamais faire face à ses émotions. C'est là qu'on voit des personnes détachées de leurs émotions — et donc de celles des autres — qui peuvent sembler froides, voire cruelles. Elles ne se laissent aucun répit. C'est le genre de personne pour qui même les vacances représentent un marathon de choses à faire, à voir, à consommer.

Terre éteinte

Ces personnes seront généralement très désorganisées, auront la tête dans les nuages, auront tendance à tout oublier, à ne pas être très fiables. Ce sont des gens qui changent souvent d'idée, d'opinion, sur qui on peut difficilement compter parce qu'ils ont tendance à être imprévisibles, déconnectés de la réalité, qui mènent rarement à terme ce qu'ils commencent. On ne les prend pas trop au sérieux, on ne peut pas trop compter sur eux, ils ont souvent des idées farfelues et se perdent sans cesse dans leurs nouvelles idées, leurs nouvelles passions, leurs nouvelles relations.

La terre éteinte s'apparente à l'air exalté, et ils viennent effectivement souvent ensemble.

Médecine de terre

Comment rééquilibrer la terre ? Voici quelques pistes pour « soigner » nos différentes énergies, pour les allumer ou les apaiser et se rapprocher d'un équilibre.

Se connecter à son corps

La terre est faite pour vivre pleinement dans son corps. Cela veut dire qu'il faut y être à l'écoute, recevoir ses signaux, bien le nourrir, bien l'hydrater, s'assurer qu'il soit suffisamment reposé, qu'il soit en contact avec de la douceur, du naturel. Dormez suffisamment, buvez beaucoup d'eau, mangez sainement et avec plaisir, parce que les aliments sont bons ! Ne tombez pas dans la culture de la diète. Apprenez à aimer votre corps tel qu'il est et à bien le nourrir, oui, pour être en santé, mais aussi parce que vous reconnectez avec le bonheur de manger des aliments frais, goûteux, savoureux. Si vous utilisez des produits chimiques pour votre corps, vos cheveux et la maison, je vous recommande de les remplacer par des produits naturels, qui feront le plus grand bien à vos cellules.

Une personne dont la terre est ses hautes vibrations est extrêmement consciente de ce genre de détails. Elle refuse les tissus synthétiques, tartine sa peau, le plus grand organe du corps, de produits 100 % naturels, utilise le même genre de produits pour ses cheveux et ne veut pas respirer ni toucher de produits toxiques, alors elle achète des produits ménagers naturels ou les fait elle-même. Cela peut être une belle porte d'entrée à la reconnexion à votre corps, pour prendre mieux soin de ce dernier. Après tout, il est votre temple.

Si vous êtes une femme : apprenez à respecter votre propre rythme, votre propre cycle. Notre société va vite, vite, vite. Elle suit un rythme très masculin : l'énergie masculine est davantage dans l'action, et le cycle naturel d'un homme suit 24 heures. La femme, elle, a un cycle moyen de 29 jours. Vous voyez l'immense différence ? Reconnectez-vous à votre propre rythme, en étant autant que possible à l'écoute de votre corps et de votre énergie et en reconnectant à la magie de votre cycle menstruel. La façon la plus simple de débuter est de noter chaque jour dans un journal ou dans votre agenda, en quelques lignes, comment vous vous sentez (symptômes physiques, émotions, énergie, humeur, etc.).

En seulement quelques mois, vous referez connaissance avec votre cycle et pourrez plus facilement vivre en harmonie avec lui, et non contre lui. Si ça vous intéresse, c'est d'ailleurs un sujet que j'aborde en profondeur dans mon livre sur le féminin sacré. Et si vous êtes ménopausée, votre nature cyclique perdure. La ménopause est magique, c'est la période de notre vie où l'on n'a plus besoin de notre cycle menstruel pour se connecter à notre sagesse, à notre magie. C'est un moment de grande sagesse qui mérite d'être célébré et honoré. Vous devriez pouvoir vous connecter à votre corps encore plus facilement. Si ce n'est pas le cas — ce qui est fort possible, après tout, on vit dans une société qui dénigre la ménopause et la femme plus âgée depuis tellement longtemps —, faites le même exercice d'observation de vos humeurs, de votre énergie, de votre intuition, etc., pour ainsi rétablir la connexion à votre corps et réaliser qu'elle ne vous a jamais quittée.

Cette médecine apaisera la terre exaltée et allumera la terre éteinte.

Se connecter à la nature

Ici aussi, cette médecine est merveilleuse autant pour la terre exaltée, qu'elle calmera, que la terre éteinte, qu'elle réveillera.

- Promenez-vous en forêt.
- Jardinez.
- Reprenez conscience du cycle de vie d'une pousse jusqu'à ce qu'elle devienne un légume pour vous nourrir.
- Émerveillez-vous devant les capacités incroyables de la nature.
- Ayez une abondance de plantes à la maison et occupez-vous-en chaque jour.
- Cuisinez ! Oui, cuisinez.
- Reconnectez-vous à votre assiette, à ce que vous mangez, d'où ça vient, comment cela a été cultivé, comment cela vous nourrit, etc.
- Prenez conscience de votre impact environnemental et voyez comment vous pouvez le réduire.
- Faites des achats conscients, qui respectent la planète.
- Prenez l'habitude de ramasser les déchets que vous voyez en balade.
- Sortez en nature le plus possible.
- Baignez-vous dans les étendues d'eau naturelles.
- Marchez pieds nus.
- Assoyez-vous contre un tronc d'arbre.
- Prenez le temps de sentir les fleurs, d'écouter les oiseaux.
- Apprenez à soigner vos petits maux naturellement, avec ce que Mère Nature offre.
- Explorez la cueillette sauvage. Si vous saviez la quantité de plantes sauvages qu'on peut cueillir au Québec, dont beaucoup sont considérées comme des mauvaises herbes.

Embrasser la lenteur

La terre est l'élément de la lenteur. Si l'air se jugeait pour son côté changeant, la terre a tendance à se juger pour sa lenteur. Encore une fois, parce qu'on est dans une société qui va toujours vite et qui nous pousse à adopter un rythme de vie qui ne nous convient pas. La lenteur est un immense cadeau. C'est ce qui permet d'apprécier la vie, de réellement en profiter. La lenteur nous ouvre les portes de la pleine conscience et du moment présent. Ce n'est pas en courant d'un endroit à l'autre qu'on peut remarquer le sourire de quelqu'un, le détail d'une architecture exceptionnelle, l'oiseau-mouche qui croise notre chemin ou la jolie chanson qui émane d'un parc. Le mouvement *slow living* est à mon avis directement connecté à l'élément de la terre. Alors, apprenez à ralentir et à célébrer cette lenteur qui vous permet d'être consciemment présent dans votre vie. Si vous vous sentez un peu étourdi ou dépassé par votre vie, par votre agenda trop rempli, videz-le ! Enlevez-vous du poids et des responsabilités sur les épaules. Vous n'êtes pas obligé de tout faire. Vous avez le droit de passer en premier et de prendre soin de vous, de faire ce que vous aimez.

Pour la terre exaltée, une prise de conscience et une acceptation de soi seront probablement nécessaires. Vous devrez faire le choix conscient d'arrêter d'aller contre votre nature et de l'embrasser, cette belle lenteur.

Pour la terre éteinte, la lenteur sera probablement à l'opposé de ce que vous êtes. Or, elle est en vous. Apprenez à la découvrir, à lui faire confiance, à lui laisser de plus en plus d'espace.

Se ramener dans son cœur

Encore une fois, c'est une médecine merveilleuse pour les deux extrêmes. Pour une personne dont la terre est exaltée, c'est ce qui lui permettra de trouver sa vérité et de s'assurer que sa vie, sa carrière sont en accord avec qui elle est vraiment. Qu'elle n'est pas en train de donner son don à des gens qui vont l'exploiter négativement. Qu'elle ne s'éloigne pas de sa précieuse intégrité.

Quant à celle dont la terre est éteinte (ce qui correspond souvent à un trop-plein d'air, donc une personne trop dans sa tête), cette médecine amènera doucement la personne dans son corps et ses émotions.

Dans les deux cas, il faut vous assurer d'avoir des activités qui vous font du bien et vous guident doucement vers l'introspection, qui vous permettent d'accéder à vos émotions. Pour certains, ce sera de faire de la boxe ; pour quelques-uns, de se tirer aux cartes ; et pour d'autres, d'écrire tous les soirs. Il n'y a pas de mauvaise réponse : la bonne, c'est la vôtre.

Pour la terre exaltée : vous devrez probablement vous forcer à mettre ce genre d'activités à votre horaire ou vous faire la promesse de tenir votre engagement. Vous aurez sûrement tendance à trouver une excuse pour ne pas le faire parce que quelque chose est plus « important », plus pressant, ou que quelqu'un a plus besoin de vous, que vous de vous-même. Alors, mettez-vous à l'horaire ! Et si ça peut vous aider, une belle façon d'intégrer des moments de connexion à soi est de vous créer une routine. La terre est championne de la routine et des habitudes, alors aussi bien en profiter ! Intégrez à votre quotidien de beaux moments pour vous, de sorte que ça fasse partie de vos journées, que ça devienne une habitude quasi inébranlable. Ainsi, vous pourrez prendre soin de vous et vous connecter à vos émotions plus facilement que si vous inscriviez dans votre agenda « moment pour moi ». Rituel pour prendre votre café en paix, routine de soin du visage et automassage, douche ritualisée (ça sonne intense, mais il suffit, par exemple, de faire jouer votre liste de chansons préférées, de vous éclairer aux bougies, de choisir le linge le plus soyeux pour nettoyer votre visage et des produits naturels qui sentent le ciel et, hop !, votre douche quotidienne est transformée !).

Aussi, vous connaissez la valeur de l'argent et vous ne la dépensez généralement pas pour rien. Investissez en vous. Vous le méritez. Et les chances sont que si quelque chose vous a coûté de l'argent, vous allez tenir votre engagement. Que ce soit un cours quelconque, un soin, une thérapie, un livre, un programme en ligne... Si vous avez consciemment choisi de payer, vous vous sentirez plus impliqué.

Rendre service

Ici, je ne parle pas de rendre service pour rendre service, par simple habitude, parce que vous n'êtes pas capable de dire non ou parce que « si je ne le fais pas, ça ne sera pas bien fait ». Oh non ! Ça, au contraire, ce sont de beaux signes de terre exaltée. Je parle de trouver cette zone dans votre vie où donner vous nourrit ! Vous savez, ce pour quoi on donne de notre temps, notre énergie, nos ressources, et ce, sans aucune attente, simplement parce que ça nous fait profondément plaisir, que ça nous fait du bien. C'est ÇA que vous devez trouver. Peut-être que ce sera votre carrière, mais peut-être aussi que ce sera du bénévolat, un loisir, aider une partie de la population, l'environnement, les animaux... Soyez à l'écoute des messages de votre corps et de votre énergie. Trouvez ces gestes et actions qui vous énergisent et qui vous mettent des étoiles dans les yeux. Faites don de vous-même dans ces zones précises de magie, qui vont vous remplir au lieu de vous vider.

Si votre terre est éteinte, ce sera une belle façon de vous amener davantage dans votre cœur aussi, de vous aider à donner plus de place à vos valeurs, à ce qui vous tient à cœur. Cela vous mènera à être plus persévérant dans quelque chose et contribuera à vous enraciner davantage, notamment en incluant dans votre vie des engagements qui viennent du cœur.

Amener plus de plaisir

Terre exaltée, c'est pour vous. Souvent, quand vous en êtes rendu là, c'est que votre vie tourne autour du travail, de l'avancement, de l'argent, des objectifs, de ce que vous avez. Un grand sérieux s'installe, où tout ce qui vous sort de cette trajectoire risque d'être dérangeant pour vous, peut-être même de vous fâcher. Si vous vous surprenez à avoir des pensées du genre « Personne ne comprend à quel point mon travail est sérieux et important », prenez un petit pas de recul et respirez là-dessus. (Je le dis avec plein d'amour, ça m'arrive souvent aussi !)

Si vous avez de la difficulté à prendre des pauses, des vacances, à délaisser votre travail une fois à la maison, etc., ce sont tous des signaux de terre exaltée. Il est temps d'amener plus de plaisir et moins de sérieux dans votre vie ! Établissez-vous des règles pour ne pas travailler à la maison, enlevez les notifications de votre téléphone, créez-vous au moins une journée sacrée par semaine (pas de médias sociaux, travail en aucun cas, juste du temps en famille, entre amis ou en amoureux !), offrez-vous des petits plaisirs, juste parce que vous le méritez. Célébrez-vous vous-même ! Petit à petit, vous aurez tendance à banaliser vos exploits et à vite passer à autre chose. Riez, profitez, jouez, fêtez, honorez-vous !

Travailler sa relation à l'argent

Pour la terre exaltée : la première chose à faire serait d'observer si vous êtes dans la mentalité de rareté (*scarcity mindset*). Est-ce que vous avez tendance à vous comparer ? À entrer en compétition ? Avez-vous toujours peur de manquer d'argent ? Prenez-vous vos décisions par rapport à votre sécurité financière d'abord et avant tout ? En passant, cette mentalité de manque apporte souvent... le manque. Certaines personnes qui ont la terre exaltée auront des difficultés financières parce qu'elles ne semblent jamais pouvoir suffisamment économiser, ou qu'elles subissent malchance après malchance. Le manque attire le manque, c'est ainsi en énergie. D'autres en auront beaucoup, mais seront incapables de le dépenser, de s'offrir quoi que ce soit et auront beaucoup de difficulté à partager leurs ressources. Ces gens auront tendance à croire que s'ils partagent, ça signifie qu'ils s'enlèvent quelque chose, qu'ils auront moins de ressources. La source du problème trouve encore une fois racine dans la mentalité de rareté.

Si c'est votre cas, essayez d'explorer vos croyances financières. Que sont-elles ? D'où viennent-elles ? Surtout au Québec, on traîne tellement de vieilles mentalités, par exemple, qu'on est « né pour un petit pain », que vouloir plus que ce qu'on a est mal et que les gens riches sont automatiquement malhonnêtes, puisqu'ils ont « pris » aux autres. Alors que... l'argent est une ressource infinie. On peut toujours en mettre plus en circulation.

Observez ces « phrases-vérité » qui font partie de votre bagage à propos de l'argent: « Si j'en ai, quelqu'un d'autre en a moins; Les gens riches sont égoïstes; Les gens avec moins de ressources sont paresseux; L'argent crée toujours des problèmes entre les gens », etc. Voyez quelles sont ces « vérités », ces croyances pour vous. Elles viennent souvent de notre enfance, de la relation qu'ont nos proches ou notre communauté avec l'argent, etc.

Je pourrais parler longtemps d'argent, il y a tant à dire et à explorer. Eh que c'est tabou, ici ! Tout ça pour dire qu'avec une terre exaltée (et l'élément terre en général), il est toujours bon d'étudier la mentalité que nous avons envers les ressources financières. Cette branche s'appelle *money mindset* en anglais (mentalité de l'argent) et il existe beaucoup de ressources, de programmes, de spécialistes sur le sujet. Sans nécessairement vous lancer dans tout ça, vous pouvez tout de même commencer par vous observer et vous poser des questions, avec honnêteté et sans jugement. Puis, tranquillement, vous serez en mesure de changer des choses en vous pour guérir vos blessures financières et défaire vos idées préconçues. Ainsi, vous pourrez davantage vous tourner vers une mentalité d'abondance.

La mentalité d'abondance n'est pas que relative aux finances, elle est partout. Tout comme la mentalité de rareté. Il s'agit de reconnaître et d'apprécier tout ce qu'on a déjà. Et d'arrêter de fixer notre attention sur tout ce qui nous manque pour être heureux. La mentalité de manque peut être tellement subtile au départ et puis prendre de l'ampleur. Remarquez si vous dites des choses comme: « Il ne manque que telle chose et ce sera parfait », « Quand je vais être rendu à tel endroit, je serai vraiment bien », « Quand j'aurai tel poste, je serai vraiment bien ». Le problème avec ce genre de pensées est qu'elles sont infinies. Il manque toujours quelque chose: un objet, une étape, un voyage, une reconnaissance, un objectif, un poste pour être bien.

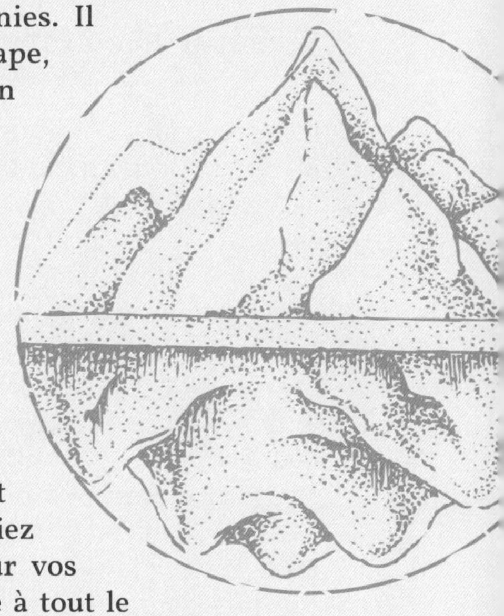

La mentalité d'abondance est un changement de direction par rapport à ce sur quoi on porte notre attention: « tout ce dont on manque » devient « tout ce qu'on a déjà ». Adopter une pratique de gratitude sera extrêmement bénéfique: il suffit d'écrire, tous les jours idéalement, des raisons pour lesquelles on éprouve de la gratitude. Au lieu de vous donner un nombre précis, je vous suggère plutôt de le faire jusqu'à ce que l'apaisement apparaisse et que, sans que vous vous en rendiez compte, un doux sourire commence à flotter sur vos lèvres. Je recommande la pratique de la gratitude à tout le monde, mais encore plus aux gens qui ont beaucoup de terre dans leur carte du ciel.

Pour la terre éteinte: là, on change de registre un peu. Vous pouvez évidemment réaliser les exercices ci-haut, tout le monde devrait le faire, mais dans votre cas, généralement, c'est plus un problème de gestion financière. L'argent vous brûle possiblement les doigts. Les personnes dont la terre est éteinte ont tendance à avoir beaucoup de difficulté à se créer un budget et à le tenir, elles sont impulsives dans leurs dépenses, endettées et vivent souvent de paie en paie ou au-dessus de leurs moyens. C'est ennuyant à faire, mais vraiment important dans votre cas : arrêtez de jouer à l'autruche. Regardez votre comportement financier en pleine face, retroussez-vous les manches, faites-vous un budget, suivez vos dépenses pendant un mois pour réellement comprendre où va votre argent, faites-vous un plan pour redresser vos finances et tenez-le ! Vous êtes capable.

Acheter avec intégrité

Une des qualités « haute vibration » de la terre, c'est son intégrité. Pour commencer à l'activer, ou simplement la renforcer, réfléchissez à vos valeurs. Qu'est-ce qui est important pour vous ? Qu'est-ce qui vous tient à cœur ? Qu'est-ce qui vous fâche lorsque ce n'est pas respecté ?

Une fois que c'est clair, observez si vos choix d'achats reflètent ces valeurs. Le but n'est pas de devenir parfait ni de vous taper sur la tête si vous ne l'êtes pas, mais de commencer à apporter des changements pour vous rapprocher toujours un peu plus d'un accord avec vos valeurs. Souvent, on achète sans se questionner, par habitude, parce que « bah, une paire de chaussures, est-ce que ça change vraiment quelque chose ? ». Chaque geste compte, mais là n'est pas la question actuelle. Ce qui importe, c'est que l'intégrité est essentielle pour la terre. Achetez-vous avec intégrité ? Je suggère les achats pour commencer parce que c'est concret, mais n'hésitez pas à pousser plus loin et à vous demander si vous vivez en général avec intégrité.

Cette médecine est merveilleuse pour la terre exaltée, qu'elle ramènera « dans le droit chemin », ainsi que pour la terre éteinte, qu'elle activera doucement.

S'organiser

Ici, c'est vraiment pour la terre éteinte. Pour la terre exaltée, vous risquez d'être déjà trop organisé. Pour ces dernières, au contraire, assouplissez vos règles et votre horaire, accordez-vous plus de temps personnel et de temps libre, pour le simple plaisir d'exister et de suivre votre envie du moment.

Pour la terre éteinte donc, à l'inverse, l'organisation n'est généralement pas votre fort. Pourtant, vous avez probablement beaucoup de beaux outils d'organisation, de jolis crayons, plus d'agendas qu'il n'en faut... Mais il est fort probable que vous utilisiez tout ça les deux premières semaines pour ensuite les laisser tomber. Cette fois, il est temps de vous organiser pour vrai ! Qu'ils soient électroniques ou papier, trouvez-vous des outils qui vous accompagneront au quotidien. Agenda, calendrier, gestionnaire de projets, générateur de listes, suivi de budget ou simple bon vieux journal que vous remplissez : peu importe, mais donnez-vous le devoir de vous structurer et de vous organiser.

Apprivoisez également la routine, créez-vous un horaire avec certaines choses qui se répètent tous les jours. Vous pouvez démarrer avec des moments répétitifs qui vous plaisent (prendre un café, lire un roman, faire votre routine de soins du visage, créer librement, etc.). L'important, c'est que vous commenciez à cohabiter avec une certaine stabilité et à voir que cela peut être agréable.

Vous organiser ne sera pas la tâche la plus facile. Vous risquez d'être en feu les premiers jours, puis de vouloir abandonner rapidement. Faites ce qu'il faut pour vous encourager à persévérer, même si c'est de vous offrir une récompense au bout de chaque semaine d'organisation respectée. Ou chaque jour ! Vous voulez passer à travers le premier mois. Une fois les 30 premiers jours réussis, cela deviendra une habitude ancrée en vous, beaucoup plus facile à respecter. Vous pouvez y arriver !

Fau

Émotions

intuition - transformation

Signes : Cancer, Scorpion, Poissons

Chakra : sacré (deuxième chakra)

Hautes vibrations : compassion, pardon, empathie, amour, soin, créativité, art, douceur, féminin sacré, émotions

Basses vibrations : douleur, dépression, victimisation, apitoiement, naïveté, manipulation émotionnelle, chantage, martyr

On termine en douceur avec l'eau, l'élément qui gouverne notre corps émotionnel. L'eau est associée à la Lune, c'est une énergie très féminine, mais aussi très mystique, profonde, secrète. Pensez au moment où vous étiez dans le ventre de votre mère. Qui se souvient de ce qui se passait là-dedans ? C'est flou, empreint de mystère, une force de la nature, baigné (littéralement) dans l'amour maternel le plus total. Ça, c'est l'eau !

Les gens qui ont beaucoup d'eau dans leur carte sont généralement sensibles et très près de leurs émotions. Ils sont solitaires, ont besoin de beaucoup de temps seuls pour prendre soin d'eux et refaire leur énergie. Ce sont les nostalgiques du zodiaque, ceux qui ont tendance à s'accrocher aux souvenirs et à vivre dans le passé. Ils ont besoin de beaucoup de douceur, de patience, d'énergie nourrissante.

Généralement, ils sont très connectés à leur corps. Pas de la même façon que l'élément terre, mais parce que c'est leur corps qui envoie tous les signaux de leur intuition (le fameux *gut feeling*, par exemple). Ce sont des gens hautement intuitifs et, justement, lorsqu'ils apprennent à faire confiance à cette voix en eux, leur magie se dévoile.

Les gens avec beaucoup d'eau sont notamment les guérisseurs, sorcières, sages-femmes, herboristes et médiums du zodiaque. C'est dans cet élément que résident les arts mystiques, la spiritualité, l'ésotérisme. Alors souvent, ce sont les gens qui ont des dons psychiques, qui communiquent avec le monde des esprits, qui ont des cristaux partout dans la maison, qui tirent aux cartes, qui pratiquent des rituels sous plusieurs formes, etc.

Règle générale, les personnes ayant beaucoup d'eau « activée » dans leur carte vont préférer la tranquillité, les moments qui favorisent l'introspection, les soirées avec les gens qu'elles aiment plutôt qu'avec un gros groupe. Elles ont une énergie maternelle innée et vont naturellement prendre soin des gens. Elles apprennent facilement la compassion, l'intelligence émotionnelle et la transformation. Pour se transformer, il faut aller au fond de soi, dans sa noirceur. Ce sont donc des gens capables de faire face à leurs démons pour en ressortir guéris, libérés.

Une fois un processus de transformation complété, ils arrivent à se défaire de couches supplémentaires de leur ego et sont en mesure d'accompagner d'autres gens à vivre ce même genre de transformation, sans jugement, avec amour, compassion et bienveillance. Puis, ils replongent dans un nouveau cycle. Ainsi va la vie de l'eau. Ils sont tantôt de douces rivières, tantôt les profondeurs de l'océan.

Hautes vibrations

L'eau dans ses hautes vibrations est, selon moi, une personne complètement magique, qui arrive à être dans son énergie féminine sacrée. Remplie de compassion, de douceur, de bienveillance, hautement créative, tellement connectée à son intuition que sa vie est en harmonie parfaite avec son cœur, avec elle-même. Je parle ici d'énergie féminine. Je vous rappelle qu'il ne faut pas associer cela à un sexe. Tous les humains ont autant besoin d'énergie féminine que masculine.

Cela dit, il est vrai que l'élément de l'eau est le moins facile pour les hommes en général, puisqu'ils sont peu encouragés à travailler leur féminin sacré. Nous sommes dans une société basée sur l'énergie masculine toxique et, malheureusement, les hommes sont élevés pour ne pas accéder à leurs émotions, pour ne montrer aucun signe de « faiblesse ». Si vous êtes un homme et avez reçu beaucoup d'eau dans votre carte, c'est que vous êtes prêt à vous sortir de ce modèle masculin toxique pour accéder à votre cœur et plonger au cœur du féminin sacré. Le bel effet secondaire est que cela révélera enfin votre masculin sacré du même coup.

L'énergie féminine est ce qui nous permet de rêver, d'imaginer notre vie de rêve, de connecter à notre moi supérieur et de recevoir quotidiennement ses messages, ainsi que ceux de notre intuition, pour prendre de meilleures décisions, qui sont pour notre bien.

Pour moi, les hautes vibrations de l'eau renferment trois des quatre archétypes du féminin : la mère, l'enchanteresse (ou la femme sauvage) et la *crone* (vieille sage). La mère ne représente pas que l'énergie maternelle, chaleureuse et nourrissante, qui prend soin des siens. La mère est aussi une période de créativité au potentiel infini ! La mère peut littéralement donner la vie. Elle peut aussi donner vie à tout ce qu'elle imagine. Le monde des rêves n'a rien d'imaginaire ou de flou pour l'eau, c'est là où toute la magie prend racine.

L'enchanteresse est ce côté de l'eau associé aux mystères de la vie, au mystique et à la transformation. Le côté qui est à l'écoute du cœur et qui se rend compte que notre mode de vie n'a aucun sens. C'est celle qui a le courage d'aller voir en elle et de faire un doigt d'honneur (en douceur) à ce qui l'empêche d'être qui elle est. C'est l'aspect qui invite à plonger dans sa noirceur, pour ressortir toujours plus fort dans la lumière. C'est cet aspect qui permet aux gens avec beaucoup d'eau de bien vivre avec leur différence, avec leurs choix qui ne suivent pas toujours le modèle prôné par la société. C'est elle qui permet de vivre pour soi, en paix, et non en fonction de l'opinion et de l'acceptation des autres.

La *crone* est celle qui comprend tout. Cet aspect arrive traditionnellement avec la ménopause, c'est la sagesse absolue de la femme, puisqu'elle n'a plus besoin du pouvoir de ses menstruations pour accéder à son intuition, à sa magie, à ses dons. Elle incarne ce pouvoir en tout temps. La *crone* est remplie de compassion : elle comprend la misère humaine, les épreuves humaines. Elle accueille tout le monde avec amour, sans jugement, et prodiguera sa sagesse à ceux qui veulent bien la recevoir. C'est aussi celle qui est hyper connectée au monde invisible.

L'eau dans ses hautes vibrations est tout ça à la fois. Il faut traiter les personnes qui y sont avec douceur et surtout : elles doivent apprendre à se traiter avec douceur, à protéger leur énergie, à remplir leur verre avant celui des autres, à écouter leurs envies, à montrer leurs vraies couleurs et à respecter leur cœur. Cette version de l'eau apprend aussi à se détacher de ce qui ne la sert pas, à laisser aller ce qui la limite, ce qui est malsain et apprend à accepter sans jugement les émotions et épreuves, qu'elles soient lourdes ou légères. Elle est en paix avec le fait que cela fait partie de l'expérience humaine et de l'expérience de l'âme.

Basses vibrations (exaltation)

Dans les basses vibrations, l'eau n'est pas en phase avec ses émotions, mais se laisse carrément dominer, submerger par elles. Si on reprend l'exemple de l'énergie féminine, c'est comme si l'eau prenait ici le penchant du féminin toxique. On est alors face à des gens extrêmement drainants, qui se plaignent sans cesse, qui sont constamment dans des comportements de victime. Ils subissent leur vie, se laissent marcher dessus par tout le monde et semblent attirer les problèmes.

Ce sont des personnes extrêmement passives, qui attendent que les choses arrivent jusqu'à elles. Elles ont de la difficulté à prendre des décisions, à passer aux actes. Comme elles ne font rien, ou si peu, elles entretiennent

le cycle de victimisation: « On sait bien, les bonnes choses ne m'arrivent jamais à moi !
- Oui mais, fais-tu quelque chose de concret pour qu'elles se produisent ?
- Non, mais à quoi bon... ça ne sert à rien, ça ne marche jamais ! »

Une personne dont l'eau est dans ses basses vibrations sombre facilement dans la déprime. Elle a tendance à manquer d'énergie, à être fatiguée, épuisée même. Elle navigue dans les émotions sombres et lourdes et semble parfois s'y accrocher. Elle peut devenir négative, pessimiste et même en venir à se demander pourquoi l'humain existe, pourquoi est-elle sur terre ? À quoi bon, il y a tant de souffrance !

Dans le même ordre d'idées, l'eau exaltée pourra avoir envie de noyer toutes ces émotions intenses dans l'alcool ou une substance qui lui permet d'oublier. Le feu peut tomber dans tout ça par désir d'excès. L'eau, elle, sombre par désir d'éteindre ce qu'elle ressent.

Un des dangers de l'eau exaltée est l'aspect manipulateur qui peut entrer en jeu. De par leur intelligence émotionnelle, ces personnes auront la capacité de détecter les émotions chez les autres, souvent avant même que ceux-ci les comprennent. Elles pourraient alors utiliser ce don pour arriver à leurs fins, obtenir ce qu'elles veulent, faire du chantage ou encore, pour blesser exactement là où ça fait mal.

Finalement, ces personnes peuvent aussi être très crédules, naïves, romantiques. Elles peuvent croire tout ce qu'on leur raconte et veulent tellement voir le meilleur chez les autres qu'elles feront fi des signaux d'alarme. Elles peuvent tomber rapidement amoureuses, et très intensément, mais malheureusement, dans les basses vibrations, c'est généralement avec la mauvaise personne, avec quelqu'un qui les traite vraiment mal. Elles justifieront et pardonneront, toléreront, jusqu'à ce que, un jour, elles finissent par ouvrir les yeux. Dans leurs relations en général, elles sont souvent prises dans un profond déséquilibre: elles donnent, donnent, donnent, sans jamais recevoir en retour, ou si peu. Finalement, ce sont des personnes qui peuvent tomber dans la peur, les phobies, la paranoïa. Ce sont les hypocondriaques et les personnes qui peuvent sombrer dans le monde invisible, lui laissant prendre toute la place et gouverner leur vie concrète.

Eau éteinte

Certaines personnes ont beaucoup d'eau dans leur carte et, pourtant, seront tout le contraire de ce que j'ai décrit. Parce qu'on peut toujours choisir de se fermer à une énergie. Ces personnes seront au contraire froides, détachées de leurs émotions, logiques, rationnelles et très sceptiques concernant tout ce qui touche l'univers ésotérique et spirituel. Elles auront tendance à vouloir rester dans ce qu'elles connaissent et à faire des choix en suivant la logique et les attentes des autres. Elles risquent de manquer d'empathie et de compassion et d'être facilement dans le jugement, d'elles-mêmes et des autres.

Si on est face à une paire opposée, la personne pourrait aussi être dans son extrême de feu. Donc très extravertie, débordante d'énergie et d'impulsivité, propice à l'excès en tout genre et dans le déni face à ses problèmes et ses blessures, évitant ses émotions plus difficiles.

L'eau est l'élément où l'on retrouve le plus d'énergie éteinte sans que ce soit parce que l'élément opposé prend toute la place, notamment avec les hommes qui ne sont pas prêts à s'ouvrir et à reconnaître ce côté d'eux. Mais aussi, avec les âmes qui n'ont juste pas encore envie de vivre une vie d'exploration de blessures, d'émotions profondes, d'épreuves pour apprendre le pardon, de ressentir la douleur collective, etc. Parfois, on a besoin d'une petite pause.

Médecine de l'eau

Comment rééquilibrer l'eau ? Voici quelques pistespour « soigner » nos différentes énergies, pour les allumer ou les apaiser et se rapprocher d'un équilibre.

Introspection

L'eau doit aller vers l'intérieur, c'est non négociable. Vous devez apprendre à être bien avec vous-même et à créer le temps et l'espace dans votre vie pour aller voir à l'intérieur de vous, pour apprendre à chercher les réponses en vous, et non à l'extérieur. Pour l'eau exaltée, il faudra probablement faire un peu de ménage avec tout ce qui se passe en vous : est-ce que ce que vous vous racontez est vrai ? Il faudra peut-être faire un petit changement de type introspection. Si vous êtes plutôt dans les émotions lourdes et la victimisation, votre introspection devra se transformer en quelque chose de plus doux, léger, qui vous fait du bien, qui allège votre énergie et qui vous fait réaliser votre pouvoir et votre capacité à faire des choix différents. Soyez à l'affût de ce qui alimente votre comportement de victime, repérez les personnes de votre entourage qui se plaignent sans cesse. Autant que possible, essayez de laisser de moins en moins d'espace à ces activités, moments ou relations, pour laisser l'espace à ce qui vous élève, vous aide à rehausser votre énergie et à prendre conscience de votre pouvoir.

Pour l'eau éteinte : il faudra surtout commencer à intégrer l'introspection dans votre vie. Commencez en douceur et en occupant votre esprit (activité physique, chant, tenue d'un journal intime, etc.). Au besoin, retournez voir la section sur le récipient, dans l'élément du feu (voir p. 105). Cela vous donnera de bonnes pistes.

Dans les deux cas, la chose à se rappeler est qu'il faut absolument plonger en soi, de manière saine et nourrissante. Ça ne veut pas dire d'ignorer ce qui est difficile, mais il ne faut pas non plus s'y accrocher.

Apprendre à gérer son énergie

Chaque fois que je rencontre une personne qui a beaucoup d'eau dans sa carte du ciel (surtout en Poissons), on prend toujours un bon moment pour discuter d'énergie, de protection. Généralement, ces personnes sont des éponges à énergie et à émotions (qui ne sont pas les leurs). Elles doivent apprendre à protéger leur énergie lorsqu'elles sont en contact avec d'autres personnes et à reconnaître les signaux d'alarme lorsqu'elles commencent à s'épuiser, en plus de comprendre comment, justement, recharger leurs batteries, remplir leur verre, comme on dit.

Protection d'énergie

Il existe plusieurs types de méditation et de visualisation pour créer des bulles de protection avant de sortir de la maison ou d'entrer en contact avec d'autres personnes. Vous pouvez explorer ces pratiques, qui ne prennent que quelques minutes, ou même seulement une trentaine de secondes pour certaines. Pour ma part, j'aime bien imaginer que j'enfile une grosse cape, avec une lourde capuche que je dépose sur ma tête.

Vous pouvez aussi utiliser des pierres, comme la tourmaline noire ou l'obsidienne noire quand vous sentez que vous avez besoin de protection supplémentaire. J'en ai monté sur des bagues et je quitte rarement la maison sans elles. Notez toutefois qu'elles emmagasinent l'énergie, donc il est important de les « décharger » le soir venu. Mon truc est d'utiliser une coupelle en sélénite (une magnifique pierre blanche qui décharge les autres pierres et les nettoie), où je dépose mes bagues avant de me coucher. J'ai trouvé la mienne chez Pierres d'ailleurs, à Montréal.

Un petit mantra à vous répéter tout au long de la journée est « ça ne m'appartient pas ». Il est possible d'être empathique (de ressentir les émotions des autres) sans vous encombrer des énergies et des émotions des autres. Vous pouvez être un simple canal à travers lequel elles passent, sans les emmagasiner.

Nettoyage d'énergie

Une fois à la maison, il faut apprendre à vous départir de ce qui ne vous appartient pas, à nettoyer votre énergie. Une des façons les plus simples est de se nettoyer physiquement, avec de l'eau. Si c'est possible, prenez l'habitude de prendre une douche en rentrant lorsque vous sentez que vous devez vous débarrasser de beaucoup de lourdeur et d'émotions qui ne sont pas à vous. Visualisez et ressentez que tout ce qui ne vous appartient pas part avec l'eau, dans le fond du drain. Sinon, déjà, lavez-vous les mains et le visage au lavabo.

Si la nature vous est accessible, une autre solution est d'aller vous asseoir le dos contre un arbre, les mains sur le tronc ou directement sur le sol et, encore une fois, de visualiser et de ressentir que vous envoyez à la nature tout ce qui ne vous appartient pas. Cela la nourrit (comme du compost) et en échange, elle vous renvoie de la belle énergie lumineuse.

Si la nature n'est pas accessible (ou si nous sommes en plein hiver !), vous pouvez faire exactement le même geste, mais en méditant. Donc vous visualisez le tout dans votre tête. Vous pouvez aller plus loin en imaginant des racines qui se déploient de la plante de vos pieds pour aller se connecter directement au noyau de la terre, et ainsi démarrer votre échange avec la nature. Ce qui ne vous appartient pas descend par vos racines et Mère Nature vous renvoie par elles de l'amour et de la lumière.

Vous pouvez aussi chanter des mantras (un simple « om » suffit), utiliser des instruments au haut taux vibratoire (bol tibétain, clochettes, carillon, bol de cristal, diapason, kalimba, etc.) ou vous nettoyer avec la fumée d'un outil de fumigation (sauge, cèdre, encens, etc.), et dans ce cas, assurez-vous d'acheter vos outils des Premières Nations. Ce sont leurs traditions, alors on veut que l'argent leur revienne. Dans le cas où de grandes mesures sont nécessaires, le meilleur truc est de prendre un bain avec du sel d'Epsom. Si vous n'avez pas de bain, préparez-vous un bol avec de l'eau et du sel d'Epsom et, dans votre douche, versez-le-vous sur la tête. Le sel d'Epsom se trouve facilement dans toutes les pharmacies.

Canal de sortie

Un peu comme le feu a besoin d'un canal pour toute son énergie, l'eau a besoin d'un canal pour toutes ses émotions. Sinon, elles risquent de stagner à l'intérieur de vous et de causer des problèmes, de vous amener dans les basses vibrations et de vous transformer en grande victime de votre vie. Une belle façon d'offrir un canal de sortie aux émotions c'est avec l'art et la créativité en général. Pas besoin d'être artiste ! Vous pouvez simplement colorier des mandalas, créer des collages, tricoter, transformer un meuble ou un objet, cuisiner, écrire, chanter, jouer de la musique, jardiner, broder, lire des romans, etc.

Comme pour le feu, vous devez absolument trouver les canaux de sortie qui fonctionnent pour vous. Outre l'art et la créativité, il pourrait aussi y avoir la thérapie, les soins holistiques, tout ce qui touche le développement personnel et la connaissance de soi (l'astrologie en fait donc partie !), l'hypnose, le bénévolat, la spiritualité, la tenue d'un journal intime, les moments et appels avec vos amis, le visionnement de films qui vous font vivre des émotions, etc. L'important, c'est qu'ils fonctionnent pour vous. Et vraiment : trouver vos canaux, c'est non négociable. Si ça ne fait pas déjà partie de votre vie, explorez dès maintenant ce qui pourra vous aider émotionnellement à rester dans l'équilibre.

Si vous êtes en exaltation, c'est, entre autres, qu'il n'y a pas suffisamment de canaux de sortie pour vos émotions. Si votre eau est éteinte, ces canaux seront d'autant plus importants puisqu'ils vous permettront de commencer à vous connecter à vos émotions.

Solitude

Une grande permission à se donner quand on a beaucoup d'eau dans sa carte : vous pouvez et devez passer beaucoup de temps seul. Notre société tend à valoriser les gens sociables, charmants, extravertis. Nos entourages font donc souvent la même chose. Ainsi, on se retrouve avec des invitations pour 1001 activités sociales qui ne font pas toujours notre envie. Apprenez à vous respecter là-dedans, à respecter votre énergie et votre besoin. Vous avez besoin de temps seul plus que n'importe qui. Il en va de votre santé mentale et de votre bien-être en général ! Donnez-vous la permission de dire « non » lorsque vous n'avez pas envie d'aller à une soirée avec plein d'inconnus, dans un restaurant bruyant, à un événement de réseautage, à un festival, ou même, à une simple soirée entre amis. Ça se peut que ça ne vous fasse pas envie !

Il y a aussi des discussions à avoir avec son ou sa partenaire. L'autre personne doit comprendre que votre besoin de temps seul n'a aucun rapport avec elle, avec son importance à vos yeux ou ses qualités. Vous n'avez pas besoin d'être seul parce que vous voulez une pause d'elle. Vous avez besoin d'être seul pour simplement être avec vous-même. Faites-lui lire cette section s'il le faut ! Mais sincèrement, vous avez besoin de moments juste pour vous, avec personne d'autre. C'est ainsi que vous retrouvez le mieux et le plus rapidement votre énergie, que vous vous nourrissez, remplissez votre verre et prenez soin de vos émotions. Si la personne a de la difficulté à comprendre ou à ne pas en faire une affaire personnelle, faites-lui lire la section sur l'eau exaltée. Si vous n'avez pas vos moments seul, c'est directement là que vous foncez ! Elle réalisera sans doute pourquoi ces moments en solo vous sont si essentiels et combien son soutien et sa compréhension sont nécessaires.

Pour l'eau éteinte : il se peut que vous redoutiez les moments seul et faissiez tout pour les éviter. Il est temps de les faire entrer dans votre vie ! Ce sera difficile au départ, mais vous commencerez ainsi à faire connaissance avec vous-même, votre cœur, votre âme, votre vérité, vos émotions. Rien de moins !

J'aime bien la méthode du diachylon: allez-y avec intensité pour commencer, sinon, vous risquez de ne jamais le faire. Par exemple, louez-vous un chalet, seul, pour un week-end. Idéalement sans Wi-Fi, en nature. Amenez-y seulement un journal, un cahier pour dessiner, de la laine pour tricoter, un livre de développement personnel, etc. Vous voulez en quelque sorte forcer ce premier rendez-vous avec vous-même. Les suivants deviendront de plus en plus faciles, jusqu'à ce qu'ils viennent à simplement faire partie de votre quotidien.

Douceur

Comme je le mentionnais plus haut, l'énergie féminine est très importante pour l'eau. Or, cette énergie a de la difficulté à se déployer lorsqu'on vit typiquement à l'occidentale, en travaillant beaucoup (trop), en ne ralentissant jamais, en mettant de l'avant la compétition, en voulant toujours plus, en étant matérialiste, etc. Pour prendre sa place, l'énergie féminine a besoin qu'on ralentisse, qu'on prenne davantage notre temps, qu'on ait des horaires plus libres, moins remplis, qu'on s'accorde beaucoup de moments pour laisser libre cours à notre créativité, pour nous connecter à notre intuition, etc.

Une belle médecine est donc d'amener douceur et lenteur à sa vie. Observez votre horaire : comment vous fait-il sentir ? On veut se tenir loin de tout ce qui s'approche du sentiment d'être submergé. S'il se présente, c'est que vous en avez trop sur les épaules, en faites trop et allez trop vite. Voyez ce que vous pouvez faire moins souvent, ce que vous pouvez carrément arrêter de faire, les endroits où vous pouvez vous enlever de la pression.

Et traitez-vous avec douceur. Vous avez besoin de douceur en général : environnement zen et douillet, vêtements confortables, musique apaisante, horaire qui respire, partenaire qui prend soin de vous également (et non pas vous qui faites tout), moments de détente, activités qui vous font du bien, etc.

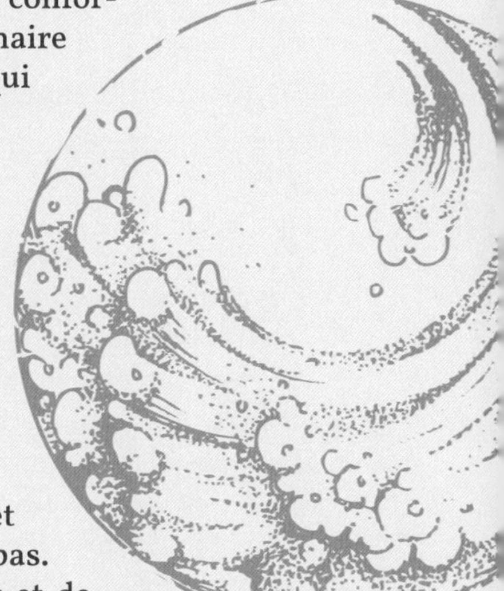

Si votre eau est exaltée, vous êtes peut-être tombé dans l'énergie féminine toxique, ce qui fait que vous êtes très (trop) passif. Vous pouvez commencer par observer vos canaux de sortie : certains ne sont probablement pas adéquats, vous enfoncent dans vos émotions lourdes et alimentent un comportement de victime. Peut-être aussi que vous luttez pour répondre aux attentes des autres et rentrer dans des moules qui ne vous conviennent pas. Prenez le temps d'observer s'il manque de douceur et de lenteur dans votre vie ou, au contraire, s'il y en a trop. Si votre eau est venue noyer le reste, lequel de vos éléments pourrait vous aider à venir rééquilibrer le tout et vous sortir de cette période de lourdeur ?

Pour l'eau éteinte : il est presque certain que vous avez besoin de plus de douceur et de lenteur dans votre vie. Probablement qu'une petite voix intérieure vous dit à l'instant que c'est impossible, que vous ne pouvez pas en faire moins, que vous ne pouvez pas ralentir. Comme ma thérapeute me dit, c'est exactement dans ces moments-là que j'en ai le plus besoin. Gageons que c'est pareil pour vous.

Connexion à l'intuition

Finalement, on ne peut pas parler d'eau sans parler d'intuition. C'est l'élément de l'intuition ! Évidemment, il faut nous laisser la chance de nous y connecter, ce qui est impossible si notre vie va à 400 miles à l'heure. Il faut un ralentissement et de la douceur. Durant des années, j'y ai perdu accès. Dans mon cas, la pilule contraceptive avait aussi joué pour beaucoup (pour les femmes, le cycle menstruel est une connexion directe à l'intuition), et quand j'ai arrêté de la prendre, j'ai rapidement repris contact avec mon intuition.

Après, comment la reconnaître ? J'aime bien dire que l'intuition est béton, c'est un message qui apparaît, qui descend d'un coup : BOUM, voici une vérité. C'est souvent le premier ressenti. Par après, le cerveau, les peurs, la logique prennent la place. L'intuition n'est pas une liste de pour et de contre, c'est une certitude. C'est tout le reste qui vient la mettre en doute. Par exemple, vous vous questionnez sur le fait de quitter votre emploi. Vous prenez le temps de vous déposer, de respirer, de connecter à votre cœur (cela peut être fait en y déposant les mains et en vous concentrant sur cette zone pendant deux minutes, avec votre respiration). Puis, vous vous posez la question. Votre intuition va tout de suite vous dire « oui » ou « non ». Et presque immédiatement après, le reste (les peurs, la logique, les attentes, etc.) va prendre le dessus.

Il existe aussi des outils, des pratiques pour faciliter la connexion à l'intuition, comme le tarot, les oracles, le pendule, la méditation de fixation (*gazing*), l'écriture automatique, la divination, la canalisation, la lecture des

Akash[6], etc. Tout ce qui entre dans le spectre du mystique, de l'ésotérisme et de la spiritualité va généralement vous aider à vous connecter à votre intuition. C'est tellement le domaine de l'eau ! Permettez-vous d'explorer ce qui vous attire, de vous amuser avec ça, d'explorer. Connectez-vous à la nature, au cycle lunaire, apprenez à utiliser des cristaux, à communiquer avec vos guides et le monde invisible, créez-vous des rituels qui suivent la roue de l'année... Si cet univers vous attire depuis longtemps, plongez-y sans peur !

Si votre eau est exaltée, il se peut que vous soyez tellement submergé par vos émotions que vous ayez de la difficulté à reconnaître votre intuition à travers tout ça, ou encore, que vous vous sentiez perdu dans les outils et pratiques au point de ne plus faire confiance à votre voix intérieure pour prendre vos décisions. On voit ça lorsqu'une personne ne peut prendre de décision sans consulter sa carte du ciel du moment, se tirer aux cartes, recevoir une lecture akashique ou un soin énergétique et consulter ses guides. Vous voyez le genre. Si vous réalisez que c'est votre cas, il est peut-être temps de simplifier un peu votre pratique et de prendre conscience que ces outils ne sont pas là pour vous dire quoi faire, mais pour vous aider à vous connecter à votre voix à vous.

Pour l'eau éteinte : osez ! Osez ouvrir votre esprit aux possibilités et au fait que ce que vous ne comprenez pas encore peut exister. Commencez avec la pratique qui vous fait dire à l'intérieur : « Bon, ça, d'accord, peut-être que je serais capable un peu. » Même si vous roulez les yeux au début ou que vous arrivez à reculons, faites-le ! Osez vous connecter à votre intuition. Et n'oubliez pas, vous devrez probablement ralentir votre rythme de vie pour y arriver.

6. La bibliothèque des Akash est un endroit non physique, qui regroupe toutes les expériences, passées, présentes et futures, de toutes les âmes. En s'y connectant, on peut poser des questions à notre moi supérieur, notre âme, pour recevoir ses réponses. On peut aussi faire des lectures pour d'autres (18 ans et plus seulement et avec leur permission) ou pour des groupes.

Conclusion des quatre éléments

Maintenant, c'est l'heure de mettre en pratique tout ce que vous venez d'apprendre, en explorant vos propres éléments ! La première chose à comprendre, c'est que tout est possible. Quand on termine ce module dans mon cours d'astrologie, mes étudiants m'écrivent pour savoir si leur carte « est normale » ou si c'est normal qu'ils aient telle configuration, mais se sentent de telle façon. Oui. Tout est normal, tout est possible.

Le plus important est de se ramener à soi. Au-delà de ce que votre carte dira pour vos éléments, rappelez-vous que la vie est saisonnière et cyclique. Nous avons tous des périodes plus douces, d'autres comportant plus de défis et d'autres incluant toutes les nuances entre les deux. C'est ce qui fait que nos éléments ne sont pas coulés dans le béton. Ce n'est pas parce que votre élément manquant est le feu qu'il sera difficile ou à surveiller tout au long de votre vie. Tout comme ce n'est pas parce qu'un autre élément est équilibré sur papier (2 ou 3 planètes) qu'il sera équilibré toute votre vie. Votre énergie fluctue. Vos défis changent. Vous vous transformez et évoluez. Vos éléments suivent votre chemin.

Conclusion des quatre éléments

Alors premièrement, observez comment vous vous sentez en ce moment. Sans même tenir compte des chiffres et concepts associés à vos quatre éléments, prenez le temps de vous demander comment vous les ressentez en vous, dans votre quotidien, ces temps-ci.

Ce qui est inscrit dans votre carte du ciel est comme un guide, une tendance. Cela vous aide à comprendre certaines choses que vous devez observer davantage afin de savoir dans quelles sphères de votre vie vous pourriez plus facilement éteindre ou exalter un élément.

Vous pouvez vous aider en vous posant ces quelques questions, en vous concentrant sur le moment présent et non pas sur votre vie en général. Essayez également de vous décrire tel que vous êtes et non pas de laisser votre ego vous décrire tel que vous aimeriez être.

Feu

Comment va votre énergie ?

Êtes-vous plus fatigué que d'habitude ?

Vous sentez-vous motivé ?

Passionné par quelque chose ?

Comment se porte votre créativité ?

Arrivez-vous à rire souvent ?

À profiter de la vie ?

À ne pas trop vous prendre au sérieux ?

Comment se porte votre confiance en vous ?

Quelle est votre relation à la colère, à l'agressivité ?

Avez-vous des tendances à l'excès ?

Air

Avez-vous de l'aisance avec la parole ?

Trouvez-vous facilement les bons mots ?

Aimez-vous écrire ? Est-ce que cela fait partie de votre pratique quotidienne (*journaling*, gratitude, etc.) ?

Suivez-vous des cours ? Êtes-vous curieux ?

Est-ce que vous lisez beaucoup ?

Est-ce que vous vous adaptez facilement au changement ?

Ou au contraire, est-ce que le changement domine votre vie et dès que la stabilité se profile à l'horizon, vous la détruisez ?

Comment utilisez-vous votre parole ?

Parlez-vous pour ne rien dire ou encore, des gens lorsqu'ils ne sont pas là ?

Terre

Êtes-vous satisfait de votre routine ?

Vous sentez-vous connecté à la nature ?

Est-ce que vos actions et votre quotidien reflètent vos valeurs environnementales ?

Aimez-vous votre travail ?

Vous y épanouissez-vous ?

Achetez et dépensez-vous pour rien ?

Comment définiriez-vous votre bonheur ?

Avez-vous des tendances matérialistes ?

Prenez-vous soin de votre corps ?

Quelle est votre relation à l'argent ?

Comment se portent vos finances et comment les voyez-vous ?

Est-ce que vous considérez que vous pratiquez le don de soi ?

Eau

Est-ce que vous vivez bien vos émotions ?

Certaines en particulier ou, en général, toutes vos émotions ?

Vous sentez-vous connecté à votre intuition ?

Sentez-vous que vous avez besoin de beaucoup de temps seul ?

Comment voyez-vous la spiritualité, l'ésotérisme
et le développement personnel ?

Arrivez-vous à nommer vos limites et à les respecter ?

Tolérez-vous trop le tort qu'on peut vous faire ?

Ressentez-vous une connexion avec le monde invisible ?
(Elle peut être aussi simple que d'y croire.)

Avez-vous tendance à trop donner, à vous oublier pour les autres ?

Avez-vous une certaine mélancolie, une tristesse qui accompagne
la majorité de vos journées ?

Conclusion des quatre éléments

À la lumière de ces réflexions, je vous inviterai maintenant à diagnostiquer vos éléments. Pour chacun d'eux, décrivez comment vous les ressentez en ce moment. Un par un, prenez le temps d'explorer s'ils sont équilibrés, exaltés, éteints, dans les hautes ou les basses vibrations.

À la suite de cela, vous serez maintenant capable de vous « prescrire » des changements à adopter, au besoin, pour ramener plus d'équilibre entre vos éléments. Il arrive que dans certaines périodes de notre vie, nous soyons particulièrement perdus ou découragés face à tout le travail que nous devons accomplir pour nous sentir mieux. Donnez-vous la permission de vous concentrer sur un élément à la fois si jamais plus d'un élément a besoin de votre attention. Commencez par celui qui vous appelle le plus, qui vous semble le plus agréable à équilibrer. La vie fait bien les choses et souvent, en se concentrant sur un élément, sans même qu'on le réalise, les autres se rapprochent aussi d'un équilibre. Travaillez à calmer votre eau, naturellement, et le feu remontera la pente, ce qui entraînera son pote l'air sur la même voie et laissera un bel espace « neutre » pour la terre. Travaillez à calmer votre air et, sans effort, votre terre prendra du mieux, ce qui vous permettra de vous connecter davantage à l'eau, tout en maîtrisant votre feu.

À l'aide des suggestions décrites dans ce livre — et surtout, avec celles que vous trouverez pour vous-même, qui vous conviendront davantage — vous pouvez maintenant vous faire un plan d'action pour que vos éléments retrouvent un semblant d'équilibre. Je vous rappelle que l'équilibre parfait est impossible, donc ne perdez pas de temps à essayer de l'atteindre. Créez-vous un plan réaliste également: changer du jour au lendemain la plupart des sphères de votre vie risque d'être difficile. Choisissez un premier élément sur lequel vous concentrer et trouvez entre deux et cinq actions pour le travailler. Vous pourriez en choisir un peu plus si jamais certaines d'entre elles sont très simples. Faites seulement attention de ne pas vous en mettre trop sur les épaules. Le but n'est pas de se décourager et d'abandonner.

Avec votre plan bien en tête (ou bien écrit, c'est encore mieux !), vous pourrez maintenant vous observer, semaine après semaine, pour noter les changements en vous et vous assurer que vous êtes bien sur la bonne voie, que les choses se transforment doucement. Donnez-vous le défi d'exécuter ces nouvelles actions pendant au moins 30 jours, puisque généralement, il faut répéter quelque chose au moins 30 fois pour que cela devienne une habitude.

Et les éléments dans votre carte ? Ils seront toujours comme un guide qui vous rappelle quels sont vos angles morts, en quelque sorte. Ces endroits où vous pouvez plus facilement, en vous en rendant moins compte, ramener un déséquilibre dans vos éléments. Où vous pouvez plus facilement en éteindre un, ou encore, en laisser un autre prendre trop de place.

Tous vos éléments sont naturellement équilibrés ? C'est une invitation encore plus grande à vous observer au quotidien ! En astrologie, souvent, quand on reçoit des « cadeaux » du genre dans sa carte, la tendance naturelle et humaine est de s'asseoir « dessus » en quelque sorte. De sentir inconsciemment que c'est inné chez nous et, donc, d'y mettre moins d'efforts. Mais dites-vous que ce n'est pas parce que votre carte dit que vos éléments sont équilibrés qu'ils le sont tous et en tout temps.

Vous n'êtes pas certain si un élément est éteint ? Rappelez-vous mon petit truc : observez si l'élément en question bien présent chez quelqu'un a tendance à vous irriter. C'est un bon indice qu'il est éteint chez vous.

Il se peut aussi que vous ayez un élément manquant ou un élément dominant qui se porte très bien en ce moment. Ne cherchez pas de midi à quatorze heures si c'est le cas, dites-vous : « Tant mieux ! » Un rappel pour ces deux concepts : souvenez-vous du « tout ou rien ». Vous seul savez quelle direction votre élément a prise. Avez-vous un élément manquant à tendance éteinte ou exaltée ? Et même chose si vous avez un élément dominant : a-t-il une tendance éteinte ou exaltée ? En passant, beaucoup de cartes ne contiennent ni élément manquant ni élément dominant.

Ne vous en faites pas si c'est le cas, ça n'est pas un but à atteindre et ça ne vous enlève absolument rien. Ça ne transforme pas non plus les éléments faibles (une planète) ou forts (quatre planètes) en éléments manquants et dominants. Ils restent tels quels. Ça veut simplement dire ce que ça dit : vous ne les avez pas dans votre carte.

Et si vous ressentez un bel équilibre en ce moment ? Qu'aucun élément ne semble requérir votre attention ? C'est tout à fait possible aussi ! Heureusement, dans la vie, on a aussi droit à des moments plus doux, où les variations entre nos éléments sont beaucoup plus subtiles. Profitez-en ! Ce livre vous aura donné des pistes de surveillance et d'observation pour la prochaine fois où le déséquilibre refera surface. Parce que, évidemment, ça arrivera.

Les quatre éléments sont la clé de base, d'une simplicité fabuleuse, pour apaiser votre quotidien avec l'astrologie. C'est un outil que vous pourrez garder tout au long de votre vie et ressortir à n'importe quel moment. Dès que vous sentez du stress, de la lourdeur, qu'une épreuve arrive ou que vous vivez un moment moins facile : replongez dans les éléments. Voyez si un déséquilibre a été créé et relisez les médecines associées aux éléments pour vous rappeler tout ce que vous pouvez faire pour ramener plus de paix intérieure.

L'équilibre des quatre éléments ne veut pas dire qu'en comprenant son fonctionnement, votre vie sera douce, fluide, tel un long fleuve tranquille. La vie restera ce qu'elle est : bourrée de défis, de difficultés, d'apprentissages, de leçons. La différence est que vous saurez comment y réagir. Vous vous connaîtrez suffisamment pour savoir ce dont vous avez besoin pour en ressortir grandi. Vous saurez reconnaître vos mécanismes d'autodestruction pour vous en libérer avant qu'ils vous nuisent. Vous arriverez à vous observer, avec amour et pleine conscience, pour amener votre attention et votre lumière sur ce qui en a besoin.

L'astrologie est un outil de connaissance de soi très puissant. Elle aide à plonger dans notre ombre, à ressortir dans notre lumière, à aimer chaque zone de notre personnalité et à faire la paix avec chacune d'elle. Elle aide à nous aimer davantage, à nous accepter tel qu'on est et à nous connecter à notre vrai nous, à notre authenticité profonde. L'astrologie nous donne les outils pour oser incarner cette authenticité et nous aide à reconnecter avec notre âme, notre cœur.

Alors, est-ce que vous avez la piqûre vous aussi ?

Et après ?

Comme je vous le disais, les quatre éléments sont l'ouverture sur le monde infini de l'astrologie. La prochaine étape logique est d'approfondir les énergies vues dans ce livre en les décortiquant selon les signes du zodiaque. Parce que le feu ne se révélera pas de la même façon chez un Bélier, un Lion ou un Sagittaire. Et ainsi de suite. Ces 12 différentes énergies sont remplies de nuances et de subtilités. Je vous laisse avec une brève mise en bouche pour la suite des choses, pour commencer tranquillement à décortiquer les éléments selon leurs signes du zodiaque.

Feu

Mission : inciter les gens à passer à l'action,
à être authentiques, à ne pas passer à côté de leur vie.

Bélier

De manière concrète et directe, parfois un peu brutale, le Bélier dit la vérité, brasse les gens. Il le fait souvent davantage dans un contexte « personne à personne » et non avec de grands groupes. Il a une âme de guerrier et apprend grâce au feu à enrober d'amour la vérité ainsi qu'à se « battre » dans la lumière, pour ce qui vaut la peine. Il canalise son feu de manière saine.

Lion

Le Lion vient inspirer les gens par ce qu'il dégage, par son aura, par son énergie. Avec le feu, il apprend à briller, totalement et entièrement. Il inspire et touche les gens en se permettant d'être lui-même, de prendre de la place, de dire ce qui lui tient à cœur. Souvent, le Lion touche beaucoup de gens d'un seul coup. Le Lion peut avoir un côté vedette, leader, porte-parole, figure publique, etc., dans son incarnation.

Sagittaire

Le Sagittaire vient inspirer les autres par sa simple existence. Le Bélier « crie », le Lion « brille » et le Sagittaire « incarne ». Il existe dans son authenticité, dans sa vérité. Grâce au feu, il trouve ses valeurs et ce qui le fait vibrer, et décide d'exister en fonction de cela, même si c'est différent, que ça déplaît ou que ce n'est pas encouragé. En se permettant d'être lui-même entièrement, il montre aux autres que c'est possible.

Air

Mission : transmettre les messages de l'univers, inspirer les autres avec ses mots, avoir les idées de demain, réinventer le monde et l'harmoniser.

Gémeaux

Le Gémeaux adopte assurément le côté « communication » de la mission. Il est le poète, l'écrivain, la personne qu'on écouterait parler pendant des heures. Ses mots inspirent à agir, à s'aimer, à écouter les murmures de notre âme, à faire mieux. C'est celui qui met ses mots, parlés ou écrits, au service de l'univers et de l'amour.

Balance

La Balance, elle, prend en charge le côté « harmonie » de la mission. C'est le signe des relations, des partenariats et de l'équilibre. Elle aime que tout le monde soit entendu, heureux, en paix. Elle nous aide à nous mettre dans les souliers de l'autre, à écouter tous les arguments, à ouvrir nos horizons et nos cœurs. Elle nous entraîne doucement vers une vie humaine plus harmonieuse entre tous et toutes.

Verseau

Le Verseau, lui, aime le côté « innovation », les nouvelles idées et les changements de paradigmes. Il remet en question nos anciennes façons de faire et n'est surtout pas ici pour faire le mouton ou suivre des idéologies désuètes. C'est un humanitaire, qui veut mettre son intelligence au service de la collectivité, pour qu'on vive enfin en paix et que les humains évoluent dans un environnement juste et équitable, avec le même respect, les mêmes opportunités pour tous et toutes.

Terre

Mission : nous reconnecter à la terre, au bonheur d'être en vie, dans un corps humain, nous inspirer à nous mettre au service de l'humain pour son mieux-être et nous apprendre la résilience, la persévérance et l'intégrité.

Taureau

Le Taureau nous apprend grâce à la terre à nous détacher des possessions matérielles, à adopter une mentalité d'abondance, à reconnecter au plaisir d'être dans un corps, au plaisir des cinq sens. Il vient nous rappeler la joie de prendre son temps, pour profiter de la vie et admirer chaque petit bonheur du quotidien.

Vierge

La Vierge nous apprend à être serviables, à trouver cette zone de magie où le don de soi se transforme en nourriture pour l'âme. Elle met son cœur et son talent au service de la Terre et nous rappelle, ainsi qu'à elle-même, qu'on ne fait qu'un avec Mère Nature. Elle vient nous montrer que la routine et les habitudes peuvent réellement être précieuses et sacrées.

Capricorne

Le Capricorne nous enseigne l'intégrité et la résilience. C'est le signe qui se relève et apprend, pour continuer d'évoluer et de s'améliorer. C'est aussi celui qui nous inspire à oser avoir une vision à long terme, à rêver à ce que notre cœur veut vraiment et qui nous donne ensuite les étapes et la détermination pour y arriver.

Eau

Mission : nous connecter à nos émotions, nous aider à passer à travers le processus de transformation, de guérison et de pardon.

Cancer

Le Cancer est le signe de l'intelligence émotionnelle. Il apprend grâce à l'eau, et ainsi, nous apprend à tous, à expérimenter le spectre entier des émotions. Il nous enseigne à toutes les vivre, sans jugement et sans préférence et surtout, sans essayer de les contrôler. Il nous rappelle que la guérison n'est pas un chemin linéaire ou identique.

Scorpion

Le Scorpion, lui, nous apprend à aller plus loin dans nos émotions, à plonger plus loin en nous. C'est le signe qui fait face à sa noirceur ; il nous montre que c'est possible et qu'il y a énormément de beau, de lumière et de magie derrière cet acte. Il se guérit lui-même pour ensuite aider les autres à guérir à leur tour.

Poissons

Finalement, le Poissons est celui qui vient nous unir. Il nous aide à accéder à la compassion, à l'amour universel, à laisser tomber nos jugements et nos peurs et à ouvrir nos cœurs les uns aux autres. C'est celui qui nous enseigne le pardon et la connexion à soi-même, à son intuition, aux autres, à l'univers et au monde invisible.

Remerciements

Je tiens d'abord à remercier toute l'équipe des Éditions Goélette. Ingrid, mon éditrice, qui a eu confiance en moi dès notre première rencontre. J'ai toujours rêvé d'être auteure et la rencontre initiale pour ce livre était une étape importante pour moi. Rencontrer son éditrice et se faire dire « bon, sur quoi as-tu envie d'écrire maintenant ? », c'est incroyable. Et pouvoir répondre « l'astrologie ! » et se faire dire un beau gros oui l'est encore plus. Merci pour la liberté et la confiance.

Merci aussi encore une fois à Ingrid, mais aussi à Raphaëlle, la merveilleuse chargée de projet pour cet ouvrage. Leur ouverture quant à mon trop-plein de rédaction a été vraiment précieuse. Raphaëlle aussi, pour tout ton temps et ton amour mis dans cet ouvrage. Et pour avoir trouvé des astuces pour que je puisse utiliser le terme « rétrograde », même si ça ne se dit pas vraiment en français, haha !

Évidemment, toute l'équipe de magiciens ayant travaillé sur le livre, de la relecture, la révision, en passant par la gestion et la mise en page, merci du fond du cœur, Laurence, Emilie, Valérie et Fany.

Elle ne pourra pas le lire puisqu'elle est Australienne et anglophone, mais merci à Jo Klima, l'artiste derrière les collages incroyables de ce livre, ainsi que la couverture. Ça a toujours été un rêve de travailler avec elle et j'ai finalement compris que c'était possible avec cet ouvrage. Merci d'avoir compris ma vision et créé l'énergie que je recherchais pour ce livre.

Merci à mes OUITCH ! Toute la communauté. C'est beaucoup grâce à vous que je fais cet incroyable travail et crée des livres qui peuvent vous accompagner comme ça, c'est sincèrement épanouissant. J'ai énormément de gratitude de vous sentir dans ma vie et de pouvoir créer de la magie avec vous et pour vous. Merci, merci, merci !

Merci à mes étudiantes (et à mes quelques étudiants !) de la formation HARMONIE, qui m'ont permis de me baser sur mes enseignements pour écrire ce livre. Merci pour toutes vos questions, elles m'ont permis de préciser l'information et d'en ajouter beaucoup, à laquelle je n'avais pas spontanément pensé. J'espère que ce livre rejoindra votre bibliothèque de sorcière et vous accompagnera dans votre apprentissage.

Merci à toute mon équipe aussi, qui s'assure que je puisse écrire, qui m'encourage, me soutient et à qui je peux toujours déléguer 1001 tâches pour que je puisse justement me concentrer sur la rédaction. Merci de me ramener dans le droit chemin quand je procrastine trop et de m'encourager quand je me mets à douter de moi. Je vous aime, merci du fond du cœur. Je vous aime toutes, mais un petit merci particulier à Chantal, qui m'a accueillie chez elle pour que je puisse écrire en étant tranquille et qui a été le chien de garde bienveillant de mes tâches et de mon horaire.

Écrire un livre en pleine pandémie mondiale et en confinement, avec une petite merveille de trois ans à la maison et une entreprise à faire rouler aura été tout un défi ! Quand j'ai finalement envoyé mon manuscrit à Ingrid et à Raphaëlle, j'ai explosé en sanglots. De fierté, de soulagement. Ça a vraiment été toute une aventure ! Je me suis souvent levée à l'aube pour grappiller une petite heure de paix, mais j'ai surtout souvent écrit avec un fond bruyant de vie à la maison et un petit pincement au cœur en rêvant du moment où j'écrirai un livre en douceur et au calme (c'est mon sixième ouvrage et ça n'est pas encore arrivé, haha ! Mais je crois vraiment que ça y est pour le prochain !). Merci à Stan, qui a pris le rôle du parent plus présent pour me permettre de travailler et d'écrire. Je n'y serais pas arrivée sans toi. Merci pour toutes ces heures supplémentaires à jouer avec les Calico Critters, à te faire dire quoi faire par une petite fille forte et décidée et à suivre son imagination.

Merci à mes parents, qui ont fini par accepter mon chemin différent et qui m'ont fait confiance, même quand ça semblait bizarre. « Tu démarres une entreprise pour sorcières ? » « Tu suis des cours d'astrologie ? » « Tu abandonnes la partie la plus lucrative de ton entreprise pour donner des cours en ligne ? ». Je sais qu'il faut avoir les reins solides pour avoir confiance en mon instinct et je vous remercie de le faire. Et de moins en moins remettre en doute mes décisions ;) Sans blague, merci de votre ouverture, de votre acceptation, de votre confiance et de votre fierté. Voir mes livres qui trônent bien en évidence chez vous, ça me fait toujours une petite étincelle de bonheur dans le cœur.

Et merci à ma petite Lune, ma Clara Lune, qui aura été l'élément déclencheur, le rappel de toute la magie qui était déjà en moi. Je t'aime tellement. Merci de m'avoir choisie !

Envie de poursuivre la discussion ?

Retrouvez-moi ici :

SITE WEB
joseeannesc.com
ouitch.co

INSTAGRAM
Josée-Anne SC
OUITCH

PODCAST
Le Phare

YOUTUBE
Josée-Anne SC
OUITCH

COMPAGNIE ÉSOTÉRIQUE
ouitch.co